教出自控力

從基礎到習慣，
穩定孩子內在的 36 堂素養課

顏安秀——著

教出
自控力

從基礎到習慣，
穩定孩子內在的
36 堂素養課

目錄

推薦文

自序

PART · 1

認識自控力與基礎方法

PART · 2

透過自我管理，成就自控力

PART · 3

內在心態與耐挫力養成

PART · 4

打敗無法自控的大魔王

PART · 5

家庭的支持與對外的連結

推薦文——

讓孩子控制手機，而非被手機控制

賴秋江（高雄市新上國小教師）

國小生寫個作業總要花上一個晚上還在拖，國中生講個話愛理不理，甚至已讀未回，或是假日時家中小孩總是手不離「機」，我想這些現象都是現代多數爸媽心中的痛呀！如果這三項正在你家日常上演，而你早已看不慣甚至動怒，但結果仍是無解，我想你該來翻開這本書了！

身兼「媽媽」、「教師」與「國小校長」這三個身分，理解家長在時代變動下對孩子未來的期許與擔憂，知道爸媽心中的痛都來自於孩子缺乏自我控制的能力。因此以三十六篇橫跨幼時到國中的實際案例故事，從家庭到校園的近距離觀察，針對各種最令父母頭疼的問題、孩子無法自控的關卡，不但要給每個家庭具體建議，更要提供「解方」。

整本書從認識自控力開始，讓你了解「三年級定終身」的真實意義；接著透過自我管理成就孩子的自控力，來看國中生的五大時間管理挑戰；探討內在心態與耐挫力養成，助你駕馭親子間的情緒課題；最後還帶你如何打倒無法自控的大魔王，從手機裡贖回孩子……。

親愛的爸媽，你的孩子還是你的孩子，在他成為你的孩子後，愈早帶著他刻意學習與練習愈好，用時間來逐步養成並獲得「自控力」，必定受用一生！

推薦文——

自控力匱乏年代的教養百寶箱

蔡淇華（臺中市惠文高中圖書館主任、作家）

在自己服務的學校，今年（二〇二四）竟然有接近四十個同學因為學分數不足，領不到畢業證書。任教的專題課也有平均三分之一的學生，因為無法早起而習慣性曠課。自己一直百思不得其解，新的世代到底發生了什麼問題？直到讀了顏安秀校長的《教出自控力》後，終於了解是學生的自控力發生了問題。而這個習慣如果無法在學生階段修正，將在成年之後造成更大的問題。

顏校長整理了二十五年的教學經驗，結合心理學的專業，呈現三十六篇實際案例，引導父母和師長幫助孩子建立目標、面對壓力與新挑戰、自我調適等，讓孩子的內在能夠愈來愈穩定。

顏校長認為，「自控力」的養成並非一蹴可幾，而更像是個「沿路的過程」，它是很多次小小成功的「自我約束」、「自我提醒」所串接起來的過程。書中提到，我們必須教會孩子給自己內部獎賞，就是一次次的相信自己，相信自己能做決定「要或不要」，最後才會產生「我想做到」的動力。

《教出自控力》真的是一個教養百寶箱，從學齡前延伸到最重要人格養成的中學階段，提出家長最頭痛的閱讀訓練自控、五大時間管理挑戰、耐挫力養成、親子溝通、手機成癮，到缺乏理財觀等問題，再提出討論與解方，逐一擊破自控素養最頭疼的魔王關。

顏校長建議將學習自控力看作鍛鍊肌肉，只要學好書中鍛鍊的方法與步驟，總有一天，孩子必能擁有自己的力量，擊垮壞習慣，走向幸福安適的人生！

推薦文——

開啟教養的一扇新窗

趙胤丞（「高效人生商學院」Podcast主持人）

身為孩子的家長，我深深體會到教養孩子是一件多麼不容易的事。特別是教會孩子自我控制，這真的是一個極大挑戰。常常在日常生活中，我們希望能夠心平氣和的和孩子溝通，卻往往因為孩子不受控而有所情緒，成了孩子眼中瘋狂嘶吼的紅蓮哥吉拉，而不是玩具總動員那可愛的綠色恐龍抱抱龍（Rex）。

《教出自控力》這本好書，真的像是一盞明燈為我指引方向。本書有數十則實際案例故事，顏安秀校長溫暖又深刻分析了親子之間的問題，並在實務上給予讀者具體建議與方向。這些案例涵蓋了從幼兒到國中階段，根據顏安秀校長的多年教學與家庭教養經驗，完整照顧到孩子不同階段的發展需求。

書中特別強調了孩子學習與人生目標建立的重要性，幫助我們這些家長透析未來人生目標的相關技巧與核心概念，並從目標管理的角度出發，給予具體可行的教養方法。更令人感到貼心的是，書中針對手機不離身、遊戲放不下、金錢隨便花等各種最令父母頭疼的問題，逐一提出討論與解方，讓家長們不再感到無助。

在讀完這本書後，我深感真的為我打開了一扇新窗，讓我更有信心和耐心來面對孩子的教育問題。書中的案例和建議不僅實用，而且非常貼近我們的生活，讓我明白如何在日常生活中一步一步教會孩子自我控制，成為他們成長路上的最佳導師。這本書真的是家長的救星！誠摯推薦《教出自控力》！

推薦文——

讓親子關係重新連線的救生圈

葉惠貞（國立清華大學附設實驗小學教師）

每個父母都記得孩子出生時，我們對其最單純的祝福是平安健康快樂，但隨著孩子長大與就學，由於許多變數與環境干擾，消耗磨損了彼此的愛與耐心，使得親子都陷入困境。憂心的父母、失去笑容的孩子、緊張的家庭氣氛，該如何改變呢？《教出自控力》正是讓親子穩定情緒與重新連線的救生圈。

安秀校長以媽媽的經驗及教育從業人員的專業觀察，將她所見所想所感受、所擔心所期待所想望的，筆耕一片沃土，透過「自控力」這個課題，讓我們重新省思教育教養的真諦。從抽象的心理學名詞到轉換生活能力的具體做法；從大方向的原則建立再到小細節的能力培養；從幼兒到小學到國中、從家庭到學校，在充滿溫暖與能量的文字裡，我們汲取良方知道如何搭建親子溝通的橋梁，能和孩子聊情緒管理與手機使用，也避免自己成為製造學習恐怖感的家長。醍醐灌頂的還有重新檢視，對孩子的陪伴是慢工出細活，急躁易生事，用對方法，親子同成長共歡樂。

想成為成長型思維的父母，想和孩子創造更多話題的師長，本書是百憂解也是繩索，串接我們想要教會孩子的一切。於是，自控得自律，自律得自由，孩子良好生活習慣養成及有效的學習策略發展學習會開花結果，我們也在前進與後退之中，對孩子們展現恰如其分的感情與表情。

推薦文——

最打動人心的教養解方

楊桂杰（基隆市教育處代理處長）

不久前有幸拜讀安秀校長的第一本力作《家庭裡的素養課》，四十八個切中需要的主題，如同安秀就坐在每一位為人父母者的對面，真誠微笑著細數其揉合學理與教育現場的經驗之談，每篇都那麼務實的給了教養現場所需要的建議或答案。當時即很驚訝，那般條分縷析的清晰思維、細膩的心思與流暢的行文走筆，其實並不多見，而我們基隆何其有幸，就有這樣一位好夥伴在基隆的校園內，奉獻其智慧心力給基隆的孩子們。

讀著《教出自控力》的書稿時，我一下子就被三十六個主題吸引了，忙不迭的當場翻閱了〈從手機裡贖回孩子〉及〈爸媽，更多的後退〉這兩篇，心裡想著，這不就是我（和周遭大多數人）心中出現已久的問號，同時也是最渴望獲得的解方嗎？看了之後，心中立即篤定許多，如何處理面對類似問題似乎也成竹在胸。

安秀所專注看重的素養這個課題，也正是當下為人父母們所最最關切的：我們在陪伴孩子成長與追求卓越的同時，如何修練其心性、關注其內在涵養？如何勸誡其從網路世界或同儕之間仿學來的不妥，甚至危險的言行習慣，卻又不傷親子關係及家庭氛圍？我們如何在這場與多元世界負面力量拔河的競賽中，能穩操勝券的贏回孩子，這不僅要有正確的教育教養理念建構與論述，更需要的是靈動、機巧、彈性、應處的智慧解方，而這就是熱誠的安秀所要分享給全天下為人父母的。

請細細撫閱每頁，相信您會在當中找到此刻所急需的，也會在品味之際連連點頭，一笑會心。

推薦文——

學習的快樂來自更進步的自己

陳姸伶（OT莉莉）（職能治療師）

作為焦慮的小學生媽媽，讀完顏安秀校長的《教出自控力》，突然感覺到我這顆焦慮的心被穩定下來了。

自我效能感一直是推進個人成長的一個重要火苗，一個具有強大自我效能感的人，有著相信自己能夠成功完成目標的信念，相信自己有能力可以克服種種困難，並且完成目標。當個人自我效能感較低的時候，可能會對自己的能力存有懷疑，並且容易在遇到挫折時放棄。

這種「信念」跟「能力」不一定是正相關，也就是不一定低自我效能感者的能力就會比較差；但是當自我效能感低的時候，就很容易受到環境的影響而感覺到挫折，不容易嘗試新的事物，或是需要周遭環境額外大的付出才能夠引導發展。

這樣一來大概可以想像，如果能培養出「自我效能感」，那這個人這輩子就會像火車頭一樣噗噗噗的一直向前走，不太需要操心，這對作為爸爸媽媽的我們來說，好像比較可以放心了。

就算是我熟悉的「自我效能感」的操作，《教出自控力》書中仔仔細細的用學校的環境、學校教育各個角度，分析怎麼樣把「自控力」引導出來，並且運用在學習與課業上，讓我這個小學生媽媽從中學習好多。

我非常喜歡書中打破「只要讓我的小孩快樂來上學，什麼都不重要」的迷思這段，近年來，我們在醫院臨床接到的孩子，甚至是實習學生們，偶爾也出現這樣的迷思，「一切讓我不快樂的事情就可以不要去做」，有時我也反思這是不是來自社會對「快樂學習」的表淺認識？如果我們能把快樂學習稍微調整一下順序，變成顏校長說的：「學習的快樂，建立在一次一次更進步的自己」，那是不是更有機會促成孩子一生受用的學習永動機？

透過顏校長有條理、分項地從自控力的各個面向說明與舉例，相信更能讓我輩家長們了解如何在孩子要進入的學習環境互相配合，教出自控力！

推薦文——

自控力非天生，而是可以從小培養

陳志恆（諮商心理師、暢銷作家）

我曾帶領過一個國中生家長的讀書會。課程中我要他們列出目前對孩子最感頭痛的問題。如果每人只能列舉一樣，竟然有高達八成的成員抱怨孩子拖拖拉拉，無法按時完成該做的事情。

他們告訴我：「要是孩子能夠自動自發就好了！」

確實，不論課業學習、日常作息、協助家務、手機3C、應對進退等方面，要是父母能不在孩子背後老是三催四請、一再叮嚀，這大概是全天下家長共同的心願吧！

然而，真實的情況常事與願違。畢竟，大腦掌管自我控制的前額葉皮質，大概要到二十五歲才會完全成熟。也就是說，孩子的自控力不若成人，常做不到大人期待，這是正常的。

但自控力是可以透過從小積極培養，進而加速提升的。

從顏安秀校長的《教出自控力》一書中，可以知道自控力涉及的層面很廣。但簡單而言，自控力就是「知道該做什麼，而願意去做；知道不該做什麼，而避免去做」。

很多孩子都知道要寫作業、運動、遵守手機規範、好好表達、吃健康食物，但知道是一回事，做到又是一回事。大人常想用「曉以大義」的方式，要孩子能理解道理，以為這樣孩子就能做到了。

而當孩子沒做到時，又給予責難或嚴懲。殊不知在負面情緒下，人們的前額葉皮質也會跟著當機，自控力更容易潰散。

顏安秀校長透過長期與孩子互動中的觀察與實戰經驗，在本書中為老師或家長提供多個型塑孩子自控力的引導與教養策略，有方法也有根據，從幼兒到青少年都能適用，這本書肯定是現代家長或老師的神隊友。

下一次，當你又要對孩子脫口而出「快一點」時，請先想想，《教出自控力》書中有哪些實用的提醒可以運用。

推薦文——

從掌握自控中相信自己

尚瑞君（暢銷親子作家）

「自控力是可以訓練的」是我在《家有中學生的解憂之書》的內容之一，很高興顏安秀校長更將「自控力的培養」寫成一本淺顯易懂也便於操作的書籍。

孩子小時候都喜歡說「我來」、「我會」，這些學習的經驗可以提升孩子的「自我效能感」，有了效能感還需要「成長性思維」，才能保持積極主動的學習。

要讓孩子相信自己，希望孩子主動學習，就要讓孩子打開內驅力，對世界保持好奇與探索。

而可以穩定成長與進步則需要學習自控和自我管理，這些都不是學校會教的事情，最重要的還是要在家庭教育中養成。

陪著孩子在閱讀與做家事中建立時間管理的能力，讓孩子學習從掌控自我中相信自己。

書中提到二〇二〇年新的棉花糖實驗，孩子的自我控制也是想證明給重要他人「我可以」。父母往往是孩子生命中最初與最重要的他人，「信任孩子能做一個好決定」，是父母能給下一代最好的禮物。

自控力不是學了就會，而是要在一次又一次的選擇與承擔中練習與培養。顏校長說：「不妨把自控力看作肌肉，會被磨損但也可以鍛鍊。」這本書非常適合陪著我們跟孩子一起訓練。孩子學會自我控制與自我管理，我們也學會安心放手。

推薦文——

擁有自控力素養，享受自律的複利

王意中（王意中心理治療所所長、臨床心理師）

你有多自律，就有多自由。自律說起來容易，執行起來卻在在挑戰著人性。

大人們總是期待孩子能夠自動自發，對於份內的事物盡責。然而如此理想的自控力境界，並非透過提醒、叮嚀、指責、糾正、獎勵、懲罰就能夠達到。

自律這門功課很是細膩。孩子除了必須對外覺察自己與周遭事物之間的關係，同時對內得了解自己的想法、企圖、需求、想望、情感、習慣、行為等。沒有覺察，就沒有控制。然而如果僅停留在覺察，沒有任何啟動自我控制的執行力，那麼孩子的生命動能將如死水，停滯不前。

殘酷的是，外在的世界依然快速轉動，並不會停下來等待陷在拖延時間、浪費金錢、網路成癮等生命漩渦裡的孩子。

自控力可以很藝術、很科學，可以很優雅、很規律。

陪伴孩子一起探尋自控力的內在動機，讓孩子在目標、熱情、好奇心、興趣、自信心、參與感以及好心情上，逐漸的磨練出屬於自己的自控力。

當孩子擁有自控力的素養，在當下與未來的日子裡，將可盡情享受自律所帶來的複利效果。

推薦文——

教養的過程，也是大人的自我檢視

Tey Cheng（「小學生都看什麼書」版主）

顏安秀校長是個十分溫文爾雅的人，我們相識於臉書社團「小學生都看什麼書」，是網友。

校長每一次在社團的發文內容都十分用心、有料，真實展示了她是如何帶領水果姊和可樂果妹愛上閱讀，給了我們非常多的建議。

讓我尤其印象深刻的是，在這個想說什麼就先說了再說的網路世界，她卻都會在發文前先知會身為管理員的我，確認內容無不妥後才發文，深感她處事的慎重及周延。

在教養兩個男孩兒的路上，我接觸了不少教養書，卻常止步於覺得書裡的內容太過高大上，因為我實在好難不動怒、不沮喪、不感挫折、永遠保持正向的心去教養孩子，很多建議我都做不來。

但安秀校長的著作，不管是《家庭裡的素養課》或《教出自控力》，講述的問題、情境甚至對話，許多都曾活生生的出現在我與孩子之間，滿滿的即視感，看到例子裡校長偶爾沒忍住「虧」了一下孩子，深深覺得被同理呀。

重點是，書裡給出的對策都是確實可行！

我常覺得在教養孩子的過程中，大人也重新檢視了一次自己，「自控力」絕對是一生的課題。很幸運能在孩子中小學階段就遇到這本書，減少許多教養的摸索時間，期待與孩子邊做邊學，一起成長。

自序——

前進未來，孩子最該具備的能力

二〇二四年六月，從產業到教育圈，ＡＩ成了最常見的關鍵字。先是科技龍頭相繼來臺，大談ＡＩ晶片、ＡＩ主導的未來；再到新任教育部長表示，因應人工智慧發展運用，預備將數位學習和ＡＩ應用納入下一版課綱的研修。一時之間，ＡＩ一詞不僅成為顯學，它還是延伸到未來的現在進行式。

另一部分，世紀大疫改變了學習的模式，線上及數位學習更加介入了孩子們的世界，對家庭教育來說，這也使得手機使用、社群媒體、時間及情緒管理等等，都變得比過往更加有挑戰性。然而就是這瞬息萬變的浪潮，除了關注我們的孩子是否能擁抱科技、學習人機協作，還要留意的是，必須讓他們保有人類獨有的可貴特質，包括自主意識、內在驅動、自我激勵、以終為始等等，因為這才是ＡＩ

所無法生成的部分。

教育現場二十多年的觀察，從一線老師到一校校長，我看到在各領域頂尖出色的孩子們，他們的共同點就是具備自控力：既懂得設定目標、制訂前往目標的進程，也能管理好自己、鼓舞自己，更不畏挫折，迎接挑戰。我們常會想，這樣的孩子是怎麼教出來的？父母該怎麼給孩子合適的鷹架，幫助孩子拾級而上？父母可以怎麼讓「好習慣」融入孩子的生活，進而自我約束？父母可以怎麼使用讚美的語言，讓孩子相信「我能，我可以」？

這是一本跟爸媽、師長聊聊以上疑問的書。《教出自控力：從基礎到習慣，穩定孩子內在的36堂素養課》以五大分類，從「認識自控力」、「透過自我管理」、「耐挫力的養成」、「打敗無法自控的魔王」到「家庭的支持」，談談自控力的底層邏輯與涵蓋層面，還有最重要的，我們該如何陪伴孩子，以及如何給孩子提供安全溫暖的環境。

自控力不是與生俱來的能力，它是既可以鍛鍊、但也會磨損及消耗的心理資源。它需要鞏固、持續，然後再補充。所以親密互信的親子關係與具體有效的策略方法，會比較容易在日常生活的點點滴滴裡，一寸一寸讓孩子長出堅毅、勇敢、自我期許，這也通通都是自控力的一部分。

其實，鍛鍊自控力應是一生的修練，但該奠基在人的自我決定與滿足喜悅裡，因為我們都是為了自己想要而努力奔赴理想。孩子遲早會背起行囊，獨自走向他的人生，在這之前，我們一起透過本書的三十六堂素養課找到一些好方法，讓自控力化為一條繩索，串接起我們想要教會孩子的一切：從目標到實踐，從相信自己到約束自己。讓孩子既無懼世界的變化，也樂於欣賞世界的美好；圓滿成熟，在任何難以預測的未來，都能優遊自在。

PART 1

認識自控力與基礎方法

01 內在能驅動，才是關鍵

還記得家裡孩子小時候搭積木的樣子嗎？是不是寧願自己動手，就算搭不起來，或弄出一個看不出什麼樣子的形體，也不要大人搭出一個更漂亮、更像樣的城堡呢？

或者當我們幫幼兒準備可愛的衣物，他卻偏偏挑選他所喜歡、但大人就是覺得不搭配的衣服呢？

當過爸媽的都知道，就算大人準備得再好、再完整，不管是搭積木還是配衣物，都沒有小孩願意一開始就由別人操刀，他們更傾向於「我自己來」（當然還夾雜著奶音）！

這沒辦法，這是天性，因為所有具備知覺跟自我意識的人類，都想要依著自己的自願去做事；這也是人類歷史上遇到困難能夠勇敢跨過的原因，因為動機是：自己想要。

既然是人性，那為什麼幼兒階段任何事都躍躍欲試的孩子，後來變得學習動力疲弱呢？原本存在孩子體內、動力十足的自我驅動力，到哪去了呢？

這其實是因為「動力」不會永遠存在，它必須透過個體所獲得的成就感和自控力，持續點燃它的續能。

自控力就是相信自己能做決定

先談談自控力吧！

自控力，連大人都要終其一生學習了，鐵定是件難事吧!?

它是不容易，但也不是什麼多麼高大上的事，也不是孩子做了長期的讀書計畫，然後按部就班的奮力不懈照表操課，最後取得好成績，才叫孩子有自控力。

很多人都誤解了，把「具備自控力」想成是學習終點。但其實自控力不是最後收穫的獎賞，它更像是個「沿路的過程」，是很多次小小成功的「自我約束」、

「自我提醒」所串接起來的過程。

比如說，我們把「好好吃飯」拆分成一百個等分：按照時間上桌吃飯、遵守餐桌禮儀、吃完飯把飯碗拿去流理臺，或依照約定這一餐飯後洗了全家人的碗……，任何在既定行程裡，孩子記得合宜合理有禮的去完成的事，我就會誇誇他：「你都不用提醒，真是一個可以自我控制、自我管理的孩子。」

就只是生活小事而已，為什麼需要這樣「哄」小孩，這不是明明就應該做的事嗎？

是啊，但如果這樣哄小孩，讓孩子的自我價值感中認知「我是一個可以掌控自己的人」，在小事上相信自己做得到的認知，才能幫助他在大事上勇敢面對所有挑戰。

自我控制的能力，就是一次次的相信自己；這也同時帶出我們一直強調的：相信自己能做決定的能力。

能自己做決定，能自己想「要或不要」，這是建構內在動力的第一步。

我決定我想要的目標、我決定我要信守約定、我決定我要先做該做的事、我決定我要複習功課、我決定我要為這事花多少時間、我決定我想要表現好、我決定我要盡力細心……

孩子要先有「我能決定」的權力，才會產生「我想做到」的動力。

成就感最重要是給自己內部獎賞

再來談談成就感吧！

成就感，不管是「已獲得」的成就感，還是「正在爭取」的成就感，那會使動力產生一個具體的目標，也讓動力有努力前進的方向。

小娃娃推起積木，從起先只要疊高就好，到慢慢的疊出房子、疊出大樓，獲得了樂趣，獲得了讚美，也取得了成就感。下一次，他更要自己嘗試。

父母要做的，是要讓成就感這件事不只是外部獎賞，也要是內部獎賞。外部獎賞靠他人給，內部獎賞靠自己給。

外部獎賞自然就是外面的分數、老師的讚美、同儕的認同，能取得當然很好，但如果暫時無法取得，難道就不要努力了嗎？

當然不是。所以我們必須教會孩子，也能給自己內部獎賞。

我們要對孩子說：「你可以設定小目標，目標達到了，記得獎勵自己，包括有形的讓自己休息、讓自己做點喜歡的事、吃點喜歡的東西；或者無形的獎勵，就是告訴自己：『我真的超棒的、超認真的。』」

內部獎賞才會長久，因為那決定權在自己。外部獎賞來來去去，而我們是依著自己的決定去做這件事，而不是為了別人或許給也或許不給的獎勵去做這件事。

讓孩子知道「我可以，我值得」

每個父母都愛孩子帶回一百分的考卷，但比起一百分，孩子內在能對學習、考試這件事有自我驅動，才能讓他在身處不順利的時候有勇氣、願堅持。因為他的人生所要面臨的挑戰，比考幾分重要也困難多了。

讓孩子的動力是他為了自己，而不是為了老師、父母。讓孩子能夠內在驅動自己，讓自己下的決定、鼓舞自己的話語、自己設定的目標成為燃料，推動自己往前進。

為了讓孩子相信他們可以驅動自己，爸媽要不停的跟孩子說：「你願意的話，就會盡力做得好。因為你想要，所以會往目標前進。但如果你願意了、也努力了，卻還沒達到你所設定的目標，那也沒關係，爸爸媽媽陪伴你一起來找方法。」

當然，孩子天生氣質不同，有的孩子企圖心容易培養，驅動力很快點燃；有的孩子和緩平靜，目標感不強烈。但不管要為不同的孩子搭什麼鷹架，都應該把該做什麼事的主權還給他，並不停告訴他「你可以」，也教他告訴自己「我可以，我值得」！

因為我們現在陪伴教育的所有環節，都是為了讓孩子在以後我們不在身邊時能勇敢獨立，且樂觀努力的面對屬於他自己的人生。內在能自我驅動的孩子，才能在未知的道路上不懈前進。

02 從心理學角度談自控力

有一個很著名的「棉花糖實驗」，相信許多父母都約略聽過。這個實驗常與「延遲滿足」的議題放在一起談，它也是一個探討自我控制能力的心理學實驗，有趣的是，這實驗還是來自一個心理學家自省是否自控力不佳的原因。

自控力不是與天俱有的能力

一九六八年，美國史丹福大學的心理學教授沃爾特．米歇爾（Walter Mischel, 1930-2018）因為自己長期戒菸失敗，思考是不是自身自控力薄弱，所以開始想要研究這個議題。他找了史丹福附設的賓恩幼兒園六百位四到六歲的小孩，帶他們到心理學實驗室。這個實驗室裡提供了許多孩子會愛的零食，有棉花糖、巧克力、小餅乾、薄荷糖等，並讓每個孩子從中挑選一樣自己最喜歡的。

然而接下來，工作人員卻跟孩子們說，他們可以馬上吃掉剛剛挑的那個零食；或者願意獨自等待十五分鐘不吃，等工作人員再回來，他們可以得到兩份一樣的獎品。

實驗結果發現，有的孩子忍不住馬上就吃掉了，有的孩子等了一下下後還是吃掉了，但有的孩子可以忍耐十五分鐘，最後得到兩份喜歡的零食。

實驗結束後多年，小朋友們長大了。根據對這些孩子後續的追蹤，當時可以忍耐的孩子，表示自我控制能力愈強的人，長大後在學業表現、人際關係、社會適應上也會表現得更積極、更成功。而這群受測的四到六歲孩子，當下只有百分之三十有足夠的自控力，可以為了目標（喜歡的零食）來延遲滿足。

這個實驗後來在學界引起很多討論，當然同時也出現了不少反對論點，大抵是在說這個實驗有太多變因，所以不能直接將「比較快吃掉棉花糖」就等於「自控力較差」，也等於「未來人生比較失敗」。

變因包括：孩子做實驗前的早餐或許吃了糖，做實驗時他就沒那麼想吃甜食；

也或許孩子早上被爸媽罵了，心情沮喪，所以做實驗時需要一點糖來安撫自己；也或許這麼小的孩子不明白「十五分鐘」到底有多長，所以在「漫長」的等待後還是先吃了等等。

尤其到了二〇一八年，這個實驗還被重啟，對象從一個幼兒園擴大到九百多位不同背景和種族的孩子身上。更加以證實，家庭環境、社經地位、父母的受教程度和教養方式，會決定一個孩子看到棉花糖可以延遲滿足，或者趕快吞下肚比較實在。

接著到了二〇二〇年，還有另外一個類似的實驗，卻將孩子隨機分為「標準組」、「同學組」和「老師組」，同學組和老師組的孩子都被告知他們等待了多長的時間會讓同學與老師知道。實驗結果是，「老師組」和「同學組」的孩子都比「標準組」的孩子更願意透過自我控制來延遲滿足；而「老師組」的孩子表現的自控力，也比「同學組」來得好。這證明了孩子選擇是否忍耐不吃棉花糖時，會考量是不是在別人眼中留下了好印象。

綜合以上實驗，我們可以得知自控力不是與生俱來的能力，它深受孩子身處環境與情緒的影響，當然父母的教養態度也是關鍵。馬上就吃掉棉花糖的孩子，未必從小就注定是個失敗者。但我們可以提取這幾個實驗的結果：一個好的生長環境、健康溫暖的家庭支持，對於培養孩子的自控力絕對是有正面影響。另外，給予肯定和獎勵，更能激起孩子願意努力和等待的意願，在某些享樂上「再等一下下」。

從「棉花糖實驗」中，我們要看的不只是吃不吃棉花糖而已，而是要記取我們可以為孩子提供怎樣的家庭與教育，讓孩子不但生理安全、心理安全、情緒也穩定，甚至渴望為自己打造目標。所以家長們需要塑造一個機制、一個成長的環境，讓孩子身心都能強健到不必然看到誘惑就只想趕快滿足自己。

自控力是珍貴的心理資源

棉花糖實驗在當時是考驗小孩，但搬到現在的時空來看，其實是考驗父母；因為只有當父母為孩子提供了成長所需的安全環境，輔以在日常中刻意引導跟鍛鍊孩子的自控力，才能成為牢固的心智，一直跟隨孩子。

其實不妨把自控力看作肌肉，會被磨損但也可以鍛鍊，這也有心理學理論來支持的。

一九九四年，美國心理學家羅伊．博麥斯特（Roy F. Baumeister）提出「自我控制資源理論」，他認為自我控制力是一種珍貴的心理資源，它是可以被積累或消耗的。心理資源就跟身體資源一樣，補充之後能好好的發揮，但消耗之後也會疲勞傷痛。當人身體很累、情緒不好或環境誘惑太大的時候，自我控制資源就會被快速消耗，如果在這之後又要去做挑戰性高的事，基本上就會不想做，很快選擇放棄。

我們在家裡的孩子身上經常可以看到這樣的現象。如果孩子已經很自動自發的完成本分裡的作業、練習，可能就會在生活上懈怠一下、鬆軟一下（例如拖拖拉拉不去洗澡、不準時睡覺等），這是因為他的自控資源（自控力）已經在剛剛的事情上掏空得差不多了。

這和孩子補習回來已經一身疲憊，要很快再集中精神體力去讀書就很困難一樣。所以，千萬不要以為孩子對A事能自動自發，接下來也能夠對B、C、D等事自動自發，這就跟身體的肌肉不可能無限制操練下去很相似。

然而這就像是要給汽車加油一樣，我們必須幫忙孩子，或者教導孩子學會、練習，以便學會怎麼補充自我控制資源，包括身心的休息、找尋與確認成就感、重新審視目標和願景、自我效能感……等等，都是為了給自己灌注能量。

另外，作為父母師長，除了給予有效的策略與方法，更要提供激勵、肯定和陪伴，以鞏固孩子能自我控制這可貴的能力。以上種種，是本書所要談的幾大重點，在後面的章節中會再一一舉列，如何以愛陪孩子走上一段自控力的培養與持續。

03

自控力的導航地圖

從學齡兒童到中學生，在與這階段的孩子有關的社群媒體裡，常常看到不同的家長發出憂心但相似度很高的問題，例如：為什麼孩子拖拖拉拉、三催四請？為什麼孩子不主動寫功課？為什麼不主動複習考試？為什麼總是放不下手機？為什麼對於考試不積極、對成績也不在乎？

其實不只是父母的大哉問，我擔任教育人員二十幾年在校園裡看到的孩子，大概低年級以前還對世間萬物充滿好奇與新鮮，眼裡閃著光芒，但中年級以上的逐漸看到「無動力」，問起關於自己可以做什麼、喜歡做什麼、對曾經克服什麼挫敗經驗有印象、對於未來有什麼想法等等，常常一臉茫然。

是孩子不會表達嗎？或者孩子害羞嗎？其實都不是，大部分談起這些話題而眼神空洞的孩子，就只是「沒有清晰的想法」，所以說不出來。在他們心中，別說沒有「人生的藍圖」，就連往往「這個學期有什麼計畫」、「對某某科目的學習和加強有什麼想法」也沒有思考過。

沒有目標、看不到自己預設短期終點的孩子，還需要什麼動力和自控力呢？一來不知道可以怎麼努力，二來沒有目標的孩子，自然也不需要在面對手機、短影音的誘惑時能懂得自制和拒絕，因為根本不知道約束自己是為了什麼。

「有意願」是啟動的第一步

如果把「塑造自控力」這件事當成地圖導航上要前進的目標，在「有終點」之前，當然先要「有意願」去設定目的地。先有起心動念，接著設定終點，中間再談如何跋山涉水或者突破各種路況限制。

串連起來的一系列作為，才能對接成一整套孩子透過自我控制邁向達標與自我成就的路徑。所以，「孩子有意願」是啟動「自控力素養課」的第一節。

孩子要先有自己的想法或期待，並對這些感到安全（這不是一個會被大人罵的想法），才會開始為了呵護自己的念頭去產生動力、設定目標，然後突破困難、沿路執行。但要點燃孩子的意願，讓他們從手遊或短影音的世界抬起頭來，這在3C氾濫的時代裡卻變成非常困難的一件事。

但這能咎責孩子嗎？當孩子對於誘惑的不能自制，其實不能全怪責是社群媒體或網紅的推波助瀾。因為現在看起來的種種困難，或許都是孩子從小自生活經驗、爸媽和師長那裡累積來的。

比如說，還記得孩子稚嫩的時光嗎？那個總是嚷著「我來，我自己」的小娃娃，從什麼時候開始變成退卻、內縮的樣子呢？是不是因為很多時候爸爸媽媽或老師為了省時省力、為了效率，直接幫孩子做了決定呢？又或者，在孩子試圖表達意願或為自己爭取發聲的時候，卻引來父母的不悅或斥責？

又比如說，孩子漸漸大了，對於服裝、交友、才藝課的選擇有自己的想法時，爸媽能接受孩子「為自己做的決定」嗎？還是憑藉大人的理性判斷或現實考量直接拒絕了孩子？

如果孩子一直沒有「為自己做決定」的經驗，他就不會相信有「我說了算」的那一天。甚至進一步說，如果孩子沒有「做錯了決定」的經驗，他也不知道如何從中去學習負責或收拾殘局，最後終有一天「做對決定」。

所以，這其實考驗的是大人是否願意稍稍後退放手？或者能不能製造機會，讓孩子有機會做決定，藉此鍛鍊孩子具備自我意識？

做錯決定有何不可？

有經驗的老師會在課堂上設計小任務，鼓勵學生在選擇議題或解決策略上有想法，然後勇敢嘗試。這其實就是在讓孩子「做決定」，最後任務的成功或失敗都不是重點，重要的是孩子在通往結果的過程是怎麼想、怎麼做的。就跟設定導航一樣，起點就是「我做了決定要去哪個目的地」。

家裡的兩個孩子在幼年搭飛機時，我就會讓當時才兩歲的她們自己決定要「怎麼坐」；出門遊玩用餐的隨身小包，自己決定要「帶什麼」；捨不得離開桌遊或繪本時，自己決定「現在就洗澡，然後等一下玩／看半小時；或者相反」；那段疫情停課的日子，一整個上午或下午的時間，自己決定「時間的規畫」；出國旅行時，到美食街用餐，自己決定吃什麼，然後自行溝通採購……

讓孩子自己做決定的最大好處，就是他們會更喜歡自己，也對自己更有信心。因為從做決定這件事感受到自己是有用的、值得被相信的、有能力的，這會給孩子從小就帶來健康的心理支持。

當然難免會因為做決定而產生某些錯誤，比如說，讓孩子自己決定旅行時的行李箱怎麼帶，而爸媽也不會幫忙建議和檢查。結果出門了才發現襪子少帶、衣服少帶。記得那時候的可樂果妹妹就是這樣，愛畫畫的她優先把空間讓給畫冊和畫筆，沒空間也不記得要帶其他更重要的東西。但是有什麼關係呢？錯誤個幾次，她就能深刻感受到「做錯決定」的不方便，於是能累積成她的經驗，下次就會知道優先順序了。

人生有許多事都需要安排輕重緩急，讓孩子自己累積得到的經驗去知道排序，比父母師長直接給答案來得深刻。當然這樣累積的過程會比較花時間，所以在孩子還小的時候，就要捨得投資耐心和等待，放手讓孩子在小事上練習做決定，然後為決定負責。而隨著孩子的成長，逐次給予愈來愈多事物上的意見交換與對話，別忘了也要支持孩子的判斷和決定。「信任孩子做一個好決定」，是父母能給下一代最好的禮物。

回到地圖導航的譬喻，如果希望孩子有自控力、在許多事情上有判斷力、對於目標有恆毅力，就請回到根本去看一個人最初的期待：能為自己做決定，然後親手實踐自己的決定。

04

自控力的底層思維

擔任校長以來，我每個月都會進入幼兒園各班（兩歲專班、中小班、大班）說幾本故事，每年也都會給小一新生說故事。有一本書我一定會講到，在學校同時待過幼兒園跟升上小學的孩子，可能還會聽過兩遍。這本顏色鮮豔、劇情明確、內容溫馨又激勵的書，叫作《小火車做到了！》。

有幾個裝滿許多玩具、零食、糖果餅乾和玩偶的火車廂想越過山頭，在天黑前將這些送到山那邊的小朋友手上，當作特別的禮物。但它們在行駛過程中壞掉了，所以特別著急，於是邀請各種經過身邊的火車頭幫忙，將它們這幾節車廂拉過去。

但不管是強壯的火車頭、新穎的火車頭，都拒絕車廂與玩偶玩具，最後是一個看起來最瘦弱也不美麗的藍色小火車頭決定試試來幫忙大家。然而在幫忙的過程中，要拉著車廂和玩偶、玩具、零食等越過山頭是多麼吃力和困難，藍色小火車頭卻沒有抱怨和放棄，反而不停給自己打氣鼓勵，反覆的自我喊話：「我想我能做到！」「我想我能做到！」……在這一段辛苦的路中，所有的玩偶玩具都替小火車頭加油，它更是一直不停的告訴自己：「我知道我可以！」

故事的結果當然很美滿，在夕陽西下前，藍色小火車頭和車廂內的所有玩具玩偶都越過山巔，順滑到山的另一頭，小朋友歡喜的等待著！

培養「自我效能感」

我選這本繪本，就是希望在故事中傳達想傳達給孩子的理念：你必須為自己加油打氣、然後你會贏得他人為你加油打氣，你會邁向你的目標和勝利！

在心理學上，這稱之為「自我效能感」。具備自我效能感的人能相信自己：我認為我可以做到。這也是我們常聽到的、自我實現的預言。具備這種特質的人往往會超越「運氣」這種不確定因素，相信「我有能力」、「我能施展我的能力」，為目標全力以赴。

因為相信自己有能力，所以遇到壓力或困難時比較不會選擇逃避，而是勇敢面對，個性上也更為積極主動，讓自己有更多努力嘗試的機會。

「自我效能感」就是培養孩子自控力的底層思維之一。

在孩子的生活裡，我們可以鼓勵他多主動參與班級事務，甚至擔任幹部。利用外顯的「班級需要我幫忙」鷹架，讓孩子有機會意識到「我可以幫忙團體」、「我有能力幫忙老師和班級」；從外界需要我到我能夠主動，這種自我效能更能帶動自控力的積極性。

當然回到源頭，這又呼應了前面說過的，「我能自己做決定」，是自我效能感的基礎。

在生成、建立和鞏固自我效能感的過程裡，過去的成功或失敗經驗對當下的影響是很大的。所以我們要善用「經驗遷移」的模式。比如說，在孩子知道他將家事做好的過往經驗，會是他也能協助老師處理班級事務的基礎。

另外，在提升孩子的自我效能感上，爸媽的鼓勵與支持不可少。對孩子的溫暖正向語言、眼神或微笑，都能使孩子增強自信，相信「我可以」。針對孩子改變的細節上，表達父母的看見：「你有在努力，有在用心，很棒！」或是：「媽媽／老師發現你願意為了什麼事而付出時間和精神，這是很好的！」愈是貼近實際和事實的語言，對孩子的激勵效果就愈是強大。

除了鼓勵支持之外，大人在孩子出現恐懼失敗或力有未逮的情況時，不要急著評價和否定。自我效能感高的孩子，永遠來自於轉頭就能看見如溫暖港灣的父母永遠的接納。

另一個建議是，讓孩子抬頭挺胸、乾乾淨淨、主動積極。

這是什麼意思？一個長時間「裝」積極的人，最後終究會成為一個「真」積極的人，因為他已經習慣了。父母要示範給孩子看，每天就是讓自己神清氣爽，主動接觸學習。比如說，鼓勵孩子上課積極提問、看了什麼好看的書便與父母和朋友積極分享、在家庭事務上積極發表自己的意見。鼓勵孩子習慣積極的頻率和態度，也能增進對自己能力的相信和掌握。

建立不設限的「成長性思維」

第二個培養自控力的底層思維是，讓孩子建立不設限自己的「成長性思維」。

幾乎在每一場演講中，我都會與現場的父母、師長倡議「成長性思維」的重要性。成長性思維看重的是「持續努力」和「未來性」，它不會以本有的智力、過往的表現、曾經的經驗，來限制可以更進步的可能性。

面對小學高年級、國中生以上的學習，「成長性思維」更是需要建立的一種心態。因為青春期常見的幾個痛點應該普遍發生在許多家庭裡，比如說：

我覺得我沒辦法啊！

我就是覺得很難。

我的個性（和能力）就這樣了啊！

我沒有辦法控制我自己啦！

我可能會需要幫忙，但我開不了口。

大人說的設定目標，離我太遙遠了啦！

那些（分數、成就）不可能啦，那不是我做得到的……

在學習上或人際上的若干挫折，已經開始讓大孩子們不相信「我還是有機會改變與進步的」。但「成長性思維」就是一種跳脫框架的思考方式，它告訴相信它的人，永遠都有機會改變，永遠都可以更進步，包括智力在內，沒有任何東西可以設限我自己。

所以，父母本身也得是個成長性思維的人，才能作為孩子的榜樣。面對孩子弱勢的科目時，千萬不要出現「給你補習了，你還是學不會」這樣的句子；面對孩子不夠好的生活習慣，也不要出現「從小就這樣懶散，我看你沒救了」這樣的話語。這些除了發洩不滿和失望的情緒外，沒有任何助益，更不可能帶來些許改變現況、往好的方向前進的效果。

父母在正向心態上，要以「教練」或「顧問」自居，示範給孩子看可以怎麼想，做給孩子看可以如何積極面對生活，不以當下自滿或侷限，相信明天永遠都是嶄新的一天，都可以更努力、更精彩，因為，「我可以」！

05

如何延遲滿足

當校長每天的小確幸之一，就是可以在批閱公文告一段落之後，到學校附設的幼兒園裡看看、抱抱小娃娃們，輕撫他們粉嫩的臉頰。學校的幼兒園從兩歲專班到六歲的大班，各有各的可愛。

在大班的教室裡，孩子不是專注聆聽老師上課、說故事、下指令，就是沉浸在自己的小角落進行任務，或者兩三相伴玩桌遊、一起手作某件事。而在兩歲的專班裡，就不如大班這樣穩定了。

最常出現的場景之一，就是一個孩子正興高采烈的玩著什麼，另一個孩子走過來想玩，就伸手去拿了，結果換來原本那個孩子的抗議；要不然就是老師讓兩歲娃娃圍著聽故事，但還是會有小朋友無法持續坐好，不是一下子就扭來扭去、注意力無法集中，就是想起身走來走去。

學習等待，發展自控力

這當然跟年紀有關係，抑制衝動的大腦前額葉此刻才剛要開始生長呢！前額葉要到二十幾歲時才會成熟，也就是說，人從幼兒、兒童、青少年等一路的成長歷程中，一邊是等待前額葉更成熟、更能延遲滿足，一邊卻和掌管衝動和本能的杏仁核互相拉扯。

面對誘惑（包括美食、鮮豔的玩具、新奇的手遊等），我們的反應主要取決於兩大系統，一個是掌管衝動的杏仁核，一個是掌管理性的前額葉。但基於人類發展，為了面對刺激時能迅速做出反應而保命，杏仁核發展得比較早，這是為了自我保護（例如嬰兒餓了會哭好讓大人知道免得餓死、人類祖先看到猛獸會立刻轉身逃命）而有的內在機制。

與杏仁核站在對立面的，則是讓我們保持冷靜、能夠理性思考的前額葉皮層。它發育得比較晚，必須隨著年紀及受教育才會慢慢完整與成熟。

「延遲滿足」甚至是成人之後也必須終其一生的學習，對孩子們來說更是不容易。這麼多無法戒菸和瘦身成功的人，都有延遲滿足做得不夠好的困擾，所以才會有前面所說的「棉花糖實驗」。

心理學家做的實驗是特意為之，但在現實生活中，這種考驗自控力的場景可是一天到晚出現。

曾有一次，我陪著一位還叼著奶嘴的兩歲寶寶搭火車軌道，另一個吃完點心的兩歲寶寶靠近過來，看到軌道上的鮮豔火車頭，話都說不清楚的他當然連問也沒問，舉起手就把小火車頭給騰空拿起。原本玩得好好的叼奶嘴寶寶看到玩具被「搶走」，立刻嚎啕大哭。

一個是「想玩但不會排隊等」，一個是「委屈了卻不會報告老師處理」，兩個娃娃都是靠著衝動來解決想要的需求，或發洩被搶走玩具的不滿。他們當然都沒有足夠好的自控力，因為自控力不是本能。但還好他們才兩歲，所以會有很多機會學習怎麼等待。

隨著團體生活，老師會不停的教導班級規矩：「大家輪流玩，一個等過一個」、「要排隊，等一下才會輪到你」、「有事情好好說，用哭的沒用」等等，小小朋友才從老師的指令及服從團體規範當中，在自我要求遵守的同時學到了自控力。

就連乖乖坐好、聽老師說故事也是。起先連一本書都聽不完的孩子，隨著更能聽懂他人言語（聽懂故事的趣味）而更有持續力的多坐一分鐘，或者期待聽完故事後回答對問題可能有獎勵這外在誘因，孩子藉著更沉穩的聽故事，來展現出他們慢慢發展出來的自控力。

所以自控力的型塑，從來不只是靠孩子先天就會的抑制衝動而已。在年幼時，更需要群體裡統一的要求、外在看得見的獎賞、老師父母具體的讚美，或孩子學會使用「策略」來延長自己的等待。

有效延遲滿足的策略

「轉移注意力」就是一個好的策略。在排隊等待玩玩具的小娃娃身上，只要讓他們分心、跟他們說說話，或者向他們展示不同的玩具，讓他們的注意力不在原本的那件物事身上，就可以在不知不覺中等待到了預定的時間。

就像我們帶孩子搭車長途旅行，如果在車上跟孩子唱唱歌、玩點小遊戲，轉移孩子對於搭車的枯燥感，也會感覺時間過得比較快，孩子才不會重複跳針的問：「還有多久才會到？」

另一個好策略是，維持幸福感及好的情緒，有助於自控力的展現。人在飢餓、疲勞、沮喪或幸福感下降時，生理上更趨近於任何渴望都想要被立刻滿足。就像心情不好時來塊甜食，可以馬上有所改善及獲得舒緩一樣。自控力是一種自我展能的正向表徵，它暗喻著「我可以做到」的一種企圖，人在積極正向的狀態下，自我掌控感好，對自控力會有較好的展現。

這部分很容易理解，要一個身心都獲得滿足的小娃娃乖乖排隊等待玩具，這是比較容易的；但要一個已經狂哭不已的小孩還要花費精神力氣去控制自己，那無異緣木求魚。

所以，延遲滿足既要搭配孩子的成長時間，也需要讓孩子以策略來協助自己。當然，父母和師長的陪伴、幫孩子安排一個誘惑刺激少的環境（例如一個簡潔的書桌絕對能降低誘惑，好好寫功課），更能使孩子突破自控力的侷限，提升延遲滿足的成功性。

06

好習慣是自控力的基礎

每一次的開學典禮，身為校長除了要歡迎學生回到校園，最重要的是做一點叮嚀。但基於孩子還在長假剛結束的狀態下，所以也不宜長篇大論。以最近的一次開學典禮為例，就只有叮嚀兩件事：

開學了，每天要好好交作業。

開學了，每天要早點睡。

這兩件事都是很小的「習慣」，卻會在日復一日的操作中累積出「負責任」的好個性，以及「更健康」的好身體。最重要的是，能在這樣的循環中無痛的建立

「自控力」，知道它並沒有這麼難，而只是在「合適的時間裡做合適的事」。

讓「什麼時間做什麼事」形成循環

自控力就像肌肉是可以鍛鍊的，這顯得自控力的獲得必須像鍛鍊肌肉一樣經過艱辛苦痛。但其實不全然是這樣，自控力也可以來得輕而易舉，就是讓「什麼時間做什麼事」形成循環，如此就踏出了成功的第一步。

當了二十幾年的小學教育人員，從最早擔任導師時近距離看顧一班的孩子，到現在成為領導一校，常需要為各班挑選出來的優秀小朋友頒獎與勉勵，我有一個心得，就是眼前這個孩子獲得成就，不管是學業、活動、競賽等各方面，都是奠基在具備了好的習慣、態度、思維模式及人我互動之上。

就連最單純的「定期評量」表現優秀的孩子，也是因為有好的時間分配、懂得處理事情的輕重緩急、願意暫時抑制想玩的心，優先把課業處理好，加上對複習的主動積極，才會有好表現。

更不用說代表學校出賽的小朋友，比如說市級的英語學藝競賽、科學展覽等，必須經過定時的練習、修正調整、再反覆操練等不間斷的過程，在那段日子裡養成習慣，才有機會熬過煩悶，突破自己，並期許自己有日新月異的進步，最後獲得好成績。

這幾年新課綱上路後，各種學習樣態和模式所需要的元素，包括孩子的素養表現、解決問題的能力、與他人共事的合作度，都遠遠比本身的聰明才智來得重要。

舉例來說，幾位小朋友組成團隊，以組為單位代表學校參加比賽，他們不只是靠著單一個人的背誦和突出表現，而是要在團隊裡知道自己的分工：本來比較懶散的人要控制自己，更積極的面對團隊共同的作業；本來比較好表現的人也要控制自己的發言和行動，尊重隊友的任務和角色。

這就是為什麼我鼓勵孩子參與團體活動，也鼓勵家長讓孩子多與團隊在一起，除了開拓視野，更重要的是，因為在眾人當中，在家裡可能是獨生子女的孩子更有機會在團體裡重新調整自己。孩子不需要靠自己刻意的自我限制，因為團隊感所要求的付出和合作，就夠讓孩子自我控制或被動的被要求，進而養成習慣。

透過團體更容易養成習慣

團隊的組成，往往會有目標和訂下的練習歷程，以及在團隊裡必須遵守的規範。在孩子還沒有養成自動自發的習慣之前，「規範」有提醒和匡正的效果。孩子如幼苗，給予藤架才會往上爬得愈來愈好，這時候團隊的目標或規範，就起了如同藤架的作用。

所以，「自控力」不是單打獨鬥的自我成長之路，更不是嘔心瀝血的獨自練功，想要更容易形成，就是先成為一種「習慣」，讓習慣帶動自體性的主動去做。而習慣的養成，在家裡就是父母有意識的提醒和叮嚀；而在團體、團隊裡，更容易見到養成習慣的效果，因為人都有合群性，也都希望被接納，團隊可以給予這樣的心理支持和溫暖感，但相對的必須先成為一個共同維護團隊權益和目標的人。

很多好的成長要素都是環環相扣，習慣就是自控力的基礎，而習慣的產生，在團體裡更容易，尤其是學校內因應各種需求產生的團體，包括校隊、參賽隊伍、班上的作業分組討論之類。藉由清晰的目標、一段彼此合作的時日、每人的分工任務，有助於（至少在這個團體裡）激發自己產生、建立、鞏固團體所需要的習慣。

在使習慣成為穩定的循環前，便會自我提醒和約束，於是自控力就產生了。

當然父母也可能擔心，若孩子沒參加校隊、也未獲選代表學校參加比賽，他會不會缺少這樣的機會呢？

其實無須煩惱，因為孩子一定會有分組作業，只要鼓勵孩子把自己在組內的本分做好。如果能力所及，可以再多幫助需要的同學，有機會發表時也嘗試看看。這些或許本來都不是孩子的本意，但孩子願意自我提升、自我要求的多做一點，那就是一種自控力的表現，控制自己願意往更多、更好去邁出。

自控力的產生，就是孩子在每一次的實踐上願意約束自己或期勉自己，願意付出多一份心力或多一秒的堅持。並不是強大的人才有自控力，一個讓好習慣滿溢在生活中的孩子，一個願意付出並且跟著團隊（分組）往前的人，就是一個有自控力的人。

07

「三年級定終身」的真實意義

我曾受邀某個教育Podcast節目，聊聊小學生的學習。節目中主持人問我是否聽過「三年級定終身」的說法？這是確實的嗎？

我笑著回答，過去比較常討論五年級的數學和社會是大魔王，是小朋友脫離中年級後第一個大挑戰；但「三年級定終身」的說法是第一次聽到。不過仔細一想，好像真的有點道理。國小一到三年級奠定的基礎，包括對學習的認知、測驗的理解、習慣的養成、態度的建立及對時間的掌握等，大概就是往後這個孩子學習樣態的雛形。

三年級之前必須學會的好習慣

好習慣一：放學回家先寫功課

國小一到三年級是建立好習慣重要的前三年。建立好習慣的同時，也同時慢慢強化自控力的心智肌肉，讓它愈來愈強健。尤其用習慣來引導自控力的促發與持續，就不需要花費太多力氣去勉強自己。這就像很多動作在肌肉操練過後變得輕而易舉，不需要咬牙切齒的努力。

用習慣來牽引自控力，那麼在三年級結束前，建立的好習慣包括哪些呢？最簡單的第一個好習慣就是放學回家先寫功課。

先把功課完成，那是最基本負責任的態度。這件事講求的是，並不是放學回家不能先吃點心、休息一下，而是孩子有無體認到完成回家作業優於玩樂，是一件必須做的事。心態上的認知是：「我的事情，我要主動、積極、負責任，而且記得去完成。」

長期先做必須做的事，不給自己拖拉或任何理由，這就是自控力的展現之一。

好習慣二：體認時間感

三年級之前該學會的第二件事，是對時間的感覺。例如寫生字圈詞需要幾分鐘？寫數學習作需要幾分鐘？當作業、考卷寫得很順手時是幾分鐘？發現好難不太會寫又是幾分鐘？

孩子在前三年的學習階段應該要對時間感有所體認，包括寫作業、訂正、讀某個段落的進度，以及答題考試所需要的時間。有時間感，對時間的流逝及起迄有感覺，未來才可能有機會帶入時間規畫，甚至更進一步做好時間管理，也才會知道怎麼給自己制訂「我有多少事情，需要多少時間來完成？」，或是「我有多少時間，可以進行／處理多少內容？」。

這些感覺需要孩子在一遍遍的練習中去體會、去感知，然後形成自己的理解。當然動作比較慢的孩子會在父母、師長的催促中，知道怎樣叫動作慢。做事草率匆促的孩子，也會在父母、師長的糾正中，知道讓自己放慢腳步、更仔細謹慎，會是更好的學習方式。孩子也會在團體生活中，知道其他小朋友用多少時間在做事。這些都需要在日常生活中去累積、去形成，然後成為自己的「時間感體系」，未來在這個基礎上逐一完成自己想做的事。

好習慣三：接觸學習技巧及運用

第三件需要在三年級前就學會的，就是開始接觸學習技巧，然後找機會使用它。這很需要大人的陪伴和引導，給予孩子好用的學習策略。

比如說，孩子看題目容易跳行，那就可以建議孩子把尺拿出來對著字的行列，只要沿著尺看就不會「眼睛跑掉」。另外，「圈關鍵字」也是練就細心與確實看到題目的好方法，透過手圈的動作，確保真正意識到題目的要求，減少粗心帶來的失分。

但所有的學習策略，並不是教過一次就立刻深化成孩子的反射動作，然後從此能夠自發性的以這些方法來幫助自己。反而需要父母、師長經常的提醒來使用操作它，讓運用變成一種習慣。

等到年紀更大一點，孩子對訊息的感知吸收可以更完整全面時，自然而然會慢慢簡化那些曾經協助過自己的「撇步」，也就更能游刃有餘的面對作業和試卷了。

所以說，三年級前練習的第三件事就是開始接觸一些學習策略，然後記得用它們來輔助學習，強化效果。

好習慣四：建立秩序感

第四件事相對簡單，就是讓孩子從小就要按照章節順序來整理考卷、收納整齊自己的物品，這也是秩序感的建立，是三年級結束前就必須養成的好習慣。

可別小看這樣的動作，能系統性的從實體物件開始歸納分類，包括測驗卷、學習單、書包內的課本及各種簿本、學用品等，腦袋開始有全體的輪廓和個體的不同面貌，未來則會經驗遷移而轉到學習上的歸類判斷，將有助於學科的吸收和理解。

另外一層意義是，在建立孩子物權觀念的同時，也順帶培養責任感，自己的東西自己收好、安頓整齊；照顧好自己的東西，是基礎，但也是很多孩子到了三年級都還不會的，非常可惜。

好習慣五：建立學習的價值觀

第五件必須要在三年級前就學會的，是建立對學習的價值觀。孩子必須透過大人的行動來幫忙，理解到學習不是只有「寫功課」和「考試」，也不是為了考一個爸媽滿意的分數，更不是日復一日的學校生活而已。

為何說需要透過大人的幫忙？因為如果爸媽對每次的分數都大驚小怪，過度看重自己對孩子學習的介入和幫助，就很難在孩子心目中形成「學習是我的事」的概念。要相信孩子是可以學習、樂於學習的，要把學習的主權還給孩子，並不停的跟他說：「學習是一場沿路有美景的旅程，是很快樂的。但遇到風雨時，爸媽就在你身邊。」讓孩子相信自己做得到；但若需要時，轉身就能看見爸媽。

這五件事將決定「三年級定終身」的那個結果，即往後是逐漸的學習坦途，還是跌撞且一路泥濘？當習慣建立、節奏形成，孩子就會知道什麼時間做什麼事、用什麼方法來做事、用什麼心態面對眼前的事，大大減輕用意志力或外在約束去達成目標的疲勞感，自控力也能在這當中越發形成。

08 從家事力到問題解決力

你讓孩子做家事嗎？這裡指的「家事」不是孩子個人摺棉被、整理書桌、打掃自己房間等事務，而是整潔「公領域」、協助處理「大家」的事，例如洗曬全家的衣服、整理客廳、清潔浴室……等等。

做自己的事務和做全家的事務差別在哪裡？除了心態上是不是更有責任心可以為他人服務外，更重要的是，孩子能不能擴大、遷移經驗，從「整理自己的區域」變成「整理公共的區域」，更有系統及方法好好的將一件事或一個更大的範圍整理清潔。

做家事是學習做事順序的基礎

很多爸媽認為，還要教孩子做家事這些手把手的交代細節，還不如自己做會比較快。但這樣其實很可惜，少了很多對孩子的訓練和學習，以致到了學校連抹布都不會洗、桌子也不會擦，在能力上短少了同學一大截。

在學校，每個班級除了要負責自己教室和走廊的乾淨整齊外，也都有「外掃區」，例如學校的某個區域、梯間，甚至操場、廁所。對於外掃區的規畫和指派，學務處會依照年級和能力來做適當分配，大家一起維護校園。

從「做家事」到「有責任一起維護教室和校園乾淨」，這是一種能力的進化。透過家事裡的「收納」、不同場所的打掃方式、怎麼曬晾衣服、怎麼整理餐桌、怎麼收拾客廳……等等，孩子先有在家裡做過的基礎，知道「做事的順序」，到了學校就能得心應手。

怎麼做打掃工作，很多「眉角」都是需要學習。所以當我們在學校看孩子持握掃具的手勢、擰抹布的樣子，甚至是掃地的方向、廁所地面沖水前後的準備和處置等，就知道這孩子在家裡有沒有類似的經驗。如果在家養尊處優，很少參與家務，那在全班一起分工的事務上自然相形見絀了。

更勇敢面對意料之外的事

那不管是否有做家事，或者能否好好完成學校的打掃工作，這和自控力有什麼關係？

爸媽都期待孩子對學習有自我效能感，在學習上不但能自我激勵，甚至還要會自我約束。但從自我效能感出發的各種自控力，以及覺得自己很棒、可以嘗試很多事的自我認知及期許，絕對不會只出現在學業上。

當孩子循序漸進的從自己有辦法學習做家事的技巧、進行事務與家務的整理，到班級上的分工，都能有所掌握時，更容易建立他們長出「我很棒」、「我做得到」的信心。

自控力就像一個同心圓的核心，圍著這核心的包括很多素養在內，從能解決家裡髒亂的家事力到解決問題的能力，絕對都是其中的一環。從小事可以完成、做好的成就感，進而順帶培養的責任心，將有助於灌溉自控力這棵大樹，相信「我能行」、「我能做好」。

有了這樣的基礎之後，一旦遇到比打掃環境和做家事更意料之外的事，也就比較容易動腦去思考怎麼解決，因為基礎的訓練已經做過了。

自控力是一種全面的能力，它不會只在於課業部分的積極表現，因為孩子的成長是全方位的。所以若是孩子在「做事能力」上有高度的練習、展現和成就感，自然帶動他對自身的欣賞與喜悅，所換來的回饋就是他會更有信心面對做過的事務，更有勇氣處理沒做過的事，當意料之外的事發生時，也會比較勇敢的反應，然後做出判斷。

從做事中學習處理疑難雜症

從小，可樂果妹妹就挺勤快，無論洗碗、曬衣、整理被褥、洗馬桶都願意嘗試和學習。經由鼓勵，她很願意「幫幫爸媽的忙」，做家裡的小幫手。

後來有個故事讓我不禁回頭去想，這種積極應變的反應或許就是她從小在解決家務的小問題中逐漸訓練起來的。

某一天，我徹底忘了要去接可樂果妹妹放學，直到來了通陌生電話，原來她向店家借電話打給我，跟我說她放學了（也等很久了），我才嚇到飛車去接她。

當天我原本跟她相約四點半到校門口對面的文具店，時間到了她又多等了十分鐘，發現媽媽還是沒出現，於是思考著該回學校的保健室借電話，還是向不熟悉的文具店借電話。如果回到保健室，因為和護士阿姨很熟，比較容易借電話，但會不會折返回學校時又和媽媽錯過了？她思考了一下，決定鼓起勇氣跟文具店老闆娘說明情況，並開口詢問可否借電話打給媽媽。那時她二年級。

等不到媽媽而想著怎麼辦是一個層次，想到打電話但怎麼借又是另一個層次，然後開口借電話是第三個層次。可樂果妹妹在媽媽疏忽的這個插曲上，面臨到要怎麼解決至少三階段的思考，然後判斷優劣，挑選出適合的方式。

等我接到她時，她笑臉盈盈的跟我分享：「今天真的好驚險喔，想著媽媽如果一直沒來怎麼辦？所以我不能跑離約定的地方，免得媽媽來了找不到我。」

在這個小故事裡，可樂果妹妹除了要解決問題，還要發揮情緒的自控力（遇到事情用哭的不能解決），保持冷靜，勇敢面對這沒預演過、也沒人可問的小意外。

假設今天一個孩子被保護得很好，什麼家事都不用做，就連書包、餐袋、上學的東西都是大人代勞收拾，茶來伸手，飯來張口，那麼遇到突發事件時，「呆掉不知道怎麼辦」的機會是很高的。

所以，從家事開始，讓孩子學著做事，學著思考怎麼處理做事中的疑難雜症，除了造就孩子產生「我能做到」的認知，未來這樣的內在穩定和具備多方判斷的能力，一定會形成孩子的本能，解決他遇到的問題。

09

用閱讀訓練自控力

「我的孩子不愛閱讀」，是現代很多有遠見的家長的煩惱。在以前那個純樸且誘惑力不高的時代，孩子一來沒什麼選擇，二來比較容易專心，只要有環境，沉浸到閱讀裡相對簡單。但到了數位時代，短影音及手遊等讓閱讀成了一件特別需要培養和鞏固的能力，因為對比在電子產品上的沉浸，它的難度太高了。

閱讀顯得困難的另一個原因，不只是專注力稀缺的問題，而是閱讀本身就是一個「大腦綜合活動」。從拿起一本書、看見文字、理解文意，到讀懂內涵與深意，並體會作者的隱喻或弦外之音等，這一連串的堆疊都需要大腦的運作。它本身帶有學習與吸收的意味，並不是一個「輕鬆活」。

所以要讓閱讀變得可親可愛，就得讓當事人體驗什麼叫作「進入閱讀心流的美妙」，然後享受這樣的大腦綜合活動，以此為樂，並視為一種活絡大腦、刺激心智的活動，這樣的快樂才能支持閱讀持續發生。

但對閱讀初階者來說，引起閱讀意願與建立閱讀習慣，比起哪一天突然有閱讀心流來得實際多了。

閱讀與自控力相輔相成

自控力的養成首先需要有「我能決定」的意願，然後有目標，並在習慣中持續，遇到困難可以耐挫，進而能夠有效時間分配，最後獲得自我成長和可控感的快樂。這個路徑和培養孩子閱讀能力很接近，有相似的基礎條件和歷程。所以我們何不把閱讀這件必須建構的能力，拿來當一次自控力養成的練習呢？

一、先有「我能決定」的意願

二、意願帶往什麼目標？

三、有持續的習慣嗎？

四、好難、很無聊怎麼辦？
五、當中的快樂是什麼？
六、為什麼需要時間分配？
七、跨過「一座山」的成就感
八、這件事讓我有可控感

以上八個指標既符合自控力的型塑，而且更貼近閱讀能力的建構。我們可以透過選擇閱讀來訓練自控力，或是兩者相結合，以自控力來強化閱讀力。

之所以選擇閱讀，而不是選擇其他如運動專項、樂器學習等，因為「閱讀」不但是在學校學習階段內必須做的事（要不然無法應付長文考題），更是終身學習時代必備的技能，沒有閱讀力就表示沒有學習力，不符合未來職場的需求。所以，閱讀既屬於必備也必練，拿它來鍛鍊自控力肌肉再適合不過。

試問各位爸媽和師長，你們會讓孩子自己決定看什麼書嗎？還是幫孩子買了滿書櫃的優良讀物，但孩子興趣缺缺？這裡給個好建議，那就是帶孩子去書店吧！除了感受實體書店的氛圍，也讓孩子離開時挑一本書。讓孩子自己決定「他可以」看什麼，那是對他閱讀品味的肯定。雖然許多爸媽會為孩子挑選讀物，但讓孩子偶爾自己做點決定，心理上會強化孩子認知「這是一件我自願做的事」。

讓閱讀成為日常

孩子願意閱讀的目標，起先（幼兒時）是為了回應爸媽的邀請或鼓勵，後來可能是為了打發時間，接下來或許是要解決需求（學校作業）。但在成長過程中，如果閱讀目標也能慢慢導向「是為了我自己的快樂」，那麼這件事就更扎根於心了。

武俠小說裡常有「人劍合一」的描述，那是指劍客熟練劍法，出招行雲流水。而熟練是怎麼來的？是在好習慣下反覆操作而來的。閱讀力要真正內化，持續的閱讀絕對必要。這裡並不是說規定一天讀幾頁、幾天讀一本，而是閱讀是不是「常態」，它固定出現在我們的眼前或成為我們的話題，它就是生活的一份子、日常的一部分。前面曾說用習慣鞏固自控力，在慣性中讓這事逐漸駕輕就熟，閱讀就是最好的例子。

但要是讀到很難的書怎麼辦？老師規定的書好無聊不想看怎麼辦？如果可以選

擇，就先換其他本，轉換一下心情。或者乾脆擱著，過陣子再讀也可以。如果不能選擇，就是必須讀的一本書，那就得找尋方法解決問題。這時可以跟大人討論看看，或者先Google書評看看別人怎麼說。不用急著認定讀到一本不喜歡的書、閱讀是一件討厭的事。它只是與現在的我們胃口不符，可以透過討論來理解它，或透過別人的眼光認識它，又或者，改天再與它相會。

讀到好故事、被好故事吸引、急著想知道故事的下一步發展……，這些都是閱讀的快樂，非常單純，也很純粹。那個快樂是一種自我滿足，在閱讀裡有一種安穩的存在。而自控力的養成也需要這樣的純粹：我就是覺得沉浸其中的自己很棒！

完成閱讀目標需要時間管理

前往目標需要時間管理，但閱讀需要嗎？這要回到閱讀的目標是什麼。是為了想要讀一個好故事？還是完成回家作業？如果是後者，可能還會搭配閱讀心得之類，那就需要時間的分配。例如多少時間自己讀、多少時間上網看別人的心得是否和自己一樣、多少時間與身邊的大人聊聊、多少時間思考怎麼寫心得、多少時間寫……，每一個環節都需要合理的時間規畫，讓這次的閱讀任務圓滿完成。但如果只是單純的閱讀，那就拋開時間，享受閱讀本身就好。

「跨過一座山」會讓人倍感能力大增，讀完「一套書」也會強化許多孩子的閱讀自信。為什麼人前往目標需要里程碑？因為那標示我們走了多遠，也證明了自身的能力，跨過一座山或讀完一套書就具備這樣的意義。在自控力型塑的路上，讓孩子感受到「我可以」是沿途重要的補給，因為這能帶來信心，也帶來激勵；「我可以」是具備神奇魔法的一句話，能讓孩子持續前進。

對孩子來說，當閱讀不是一件追著跑的事，而是件有趣、充滿挑戰但終究有可控感的事，這時候就會逐步長出耐挫力和持續力。當孩子不會一看到書就想逃，自然能慢慢獲得閱讀帶來的美好。

但有兩個關鍵，一是父母、師長的親身示範，一是與3C保持距離。

閱讀可以訓練自控力，但閱讀本身就是一件必須長期練習怎麼做與如何做好的事。身邊大人的陪伴示範，是孩子看待這件事的認知：如果閱讀是美好且重要的，理應會常看到身邊的大人在閱讀。不要讓孩子成為家中唯一備受期待的閱讀者，而要讓家裡有視閱讀為日常的氛圍，才會讓閱讀這件美事發生在孩子身上。

既然我們都知道3C嚴重搶奪了注意力，就要刻意讓孩子與3C保持距離，包括如何持有與使用時間。這同時考驗每一位父母在疲累上班一整天之後，是否能放下那娛樂我們的手機，做個在孩子眼前也不被手機綁架的大人。因為有餘裕的心情與狀態，才能好好的和孩子一起進到閱讀的世界。

閱讀和自控力，似兩個軸線，卻是可以互相呼應和支持的關係。但因為閱讀的「甜頭」（讀到一篇好故事）比較好取得，所以拿培養閱讀力的這個過程，當成是訓練自控力的一次經驗。畢竟好經驗反覆出現，能讓孩子對自己的價值感更高，他也就會更有意願帶自己迎難而上。

PART 2

透過自我管理，成就自控力

10 跳脫「主動讀書」的思維桎梏

許多爸媽應該都有這樣的疑問：「為什麼我的孩子不會主動讀書？」「孩子不會主動讀書怎麼辦？」其實，真的不需要懷疑，因為孩子本來就不會主動讀書。

這樣說並不是要粉碎所有家長的期待，家長也別擔心「為什麼別人家的小孩就會主動讀書」，因為我們在意的是「主動」二字，但會讓孩子在不被催促之下心甘情願去做的，其實是主動背後的「內容」。

這就如同孩子會不會主動「玩手機」（假設可以不受限的話），那肯定是主動的！如果有喜歡的動畫，孩子會不會主動「追劇」或隨意滑影片（假設也可以不受限的話），答案也是肯定的！

主動，是因為想為自己做到

我想起以前有位學生是個彪形大漢，在校隊裡也算是個領袖人物，但學業表現真的不太好，不是用心於學習的小朋友。有一天他在校隊練習的空檔跟我聊天，喜孜孜的分享說：「主任，我以後想當電競選手。」

「當電競選手？很棒啊！」先不用急著否定孩子或否定這個職業，雖然我知道他的成績並不好。當老師的直覺讓我知道，他應該優先處理的是學習的提升。不過我還是不想潑他冷水，想聽聽看他怎麼說。

「主任你知道嗎，我超厲害的喔，我現在組隊，都沒有對手，大家都喜歡跟我同一隊，因為都會贏。」孩子得意洋洋的說。

「嗯嗯，我相信你應該很厲害，因為你花了很多時間在打電動嘛！」我戲謔的虧他一下，但沒有提及他的導師不久前才來抱怨他的學習態度和作業品質，希望我限制他少去校隊，至少先完成功課和訂正。

「所以，主任也覺得我可以成為電競選手囉？」孩子就是孩子，跟我分享這些的最終目的還是希望得到我正面的肯定。

「以體力來說，我想你應該有辦法在電腦前一坐就是十二小時以上；以人緣來說，你也可以號召隊員聽你指揮；以技術而言，你現在很勤奮在練習，技術不會差的。但是，我有點擔心一件事……」我故意停下來，吊他胃口。

「什麼事？」孩子不解的問。

「我擔心你的英文不太好，以後就算被選上，但最後可以出國比賽的人會不會不是你啊？」我用扼腕的口氣這樣說。

本來滿眼閃亮的孩子瞬間安靜下來。因為在他小小年紀的腦袋裡，知道電競選手最後的殿堂就是「出國比賽」。

從那天起，他進來辦公室的原因大幅降低了是被老師責備考得差或沒訂正，而是帶著英文課本到辦公室問這個字或那句子怎麼唸。一直到他畢業之前，我看到一個學生對英語學習的改變。

孩子主動念書，是基於對英語學習的責任感與熱情嗎？當然不是，而是基於要奔赴自己的夢想，當一個可以出國比賽的電競選手。他不希望付出了時間、增加了練習、所有技巧都提升的當下，卻因為「英文不好」這個原因粉碎了一直以來的夢想。

所以，孩子是為了自己而主動。不是因為大人覺得他應該讀書，也不是因為師長責備他成績不好，而是讀英文這件事，他只想為自己做到。

了解孩子的夢想與期盼

那麼，爸媽和師長們都知道孩子現階段的「夢想」是什麼嗎？

很可能不知道，因為孩子知道就算說了也不會得到大人的讚許；也或許孩子覺得大人不會懂。

就像很多年前一個五年級的女生告訴我：「主任，我以後想當直播主。」

我的反應是：「什麼主？我沒聽過耶！」現在回想，真是對不起孩子，這就是世代差異。

所以，別再糾結孩子為什麼不會「主動」讀書了。可以做的事是：知道孩子對什麼有盼望，然後幫他把那件所盼望的事連結回「現實」、「讀書」或「自我充實」。

當孩子對你說想當網紅，因為感覺賺錢很輕鬆又有知名度，第一時間千萬不要對孩子嗤之以鼻（再怎麼不以為然、覺得孩子天真又沒見過世面，都請先忍住三十秒），但可以這樣說：「當網紅不能只靠年輕貌美，因為永遠會有人比你更美。不過如果你的腦袋有料一點、談的話題有水準一點、企畫的節目好看一點，這樣或許會成功，然後紅久一點。」

這可以藉由「自己想做的事」迫使孩子思考，為了當個屹立不搖的網紅，自己欠缺的是什麼？又該自我提升什麼、做什麼樣的努力？與其追著孩子「主不主動」讀書，要孩子呈現出大人心安的樣子，不如努力加強與孩子的連結與互信，讓他願意告訴我們他未來的藍圖、他夢想的樣子，以及他想做什麼。

這樣我們才能從孩子對自己的期盼中加以引導與帶領，並思考自己的不足之處以及該主動加強的部分。自控力從來就不是因為父母或師長的期待而有的，它的出現與持續永遠是靠著自己的內在需求而生成。

11 建立孩子的目標感

很多孩子每天都會認真寫作業，錯誤的地方也會乖乖訂正，但就是成績普通，沒有太出色的表現。我們總會在現場看到這樣的孩子，即使上了高年級或國中，仍然這麼「依照本分做事」，成績卻面臨到劇烈震動，甚至下滑。看起來每天都很努力，但好像一直在原地踏步，該怎麼辦才好？

釐清目標和任務的不同

通常問起這類孩子的學習目標，不是表情木然沒有想法，就是覺得「把功課完成就是目標」。這時身為父母、師長的我們應該幫助孩子釐清「目標」和「任務」

的不同，並清楚區分這兩者各自要以什麼態度面對。

至於另一類對讀書學習沒有太多感覺的孩子，很多都是為了父母而學習或是為了老師的作業和考試而學習。他們想要得到父母的讚許（或逃避父母的責罰），不管是否明瞭課本內容，就只是生吞活剝的背誦，好得到每一次來自父母的誇獎。最麻煩的是，國小年級低的時候還可以這樣應付，愈往上或到國中，硬背就沒效果。另一個問題是，假設表現不理想，得不到父母的肯定，很快就會喪失學習動力，因為那股動力不是來自自己，加上難度變高，最後乾脆放棄學習。

這類孩子一次沒考好就會陷入自我懷疑，不相信自己是可以學習的；在追尋分數的同時，也不會感受到吸收知識的快樂，更無法善用所學，得到解決問題的成就感。說到底，這類孩子的目標錯誤。

但更多的一大群孩子只是日復一日的上學、抄筆記、寫功課、交作業、訂正，做著大家都在做的事，從來沒想過自己內心真正要賦予學習怎樣的目標，然後在目標的追尋中思考、努力，從挫敗爬起，最後得到快樂。

所以，先讓孩子知道「任務與目標不一樣」，再來「建立目標感」，最後「自我產出正確的目標」，是從小就得訓練的課題。

成為喜歡有能力的自己

簡單來說，「目標」就是帶孩子思考「你在未來哪個時間點，期待一個怎樣的自己」，而「任務」是「在前往期待的路上，必須運用哪些方法，逐步完成哪些事」。

以寫作業為例，我們可以和孩子聊聊，是否願意期待自己是個「對作業認真且負責的人」，或者是個「能從學習與複習中學會知識的人」。「成為怎樣的人」是目標，任務則是「每一天、每一週都用心仔細、態度認真的寫作業，然後好好訂正錯誤。當我累積很多次成功的任務，這些成果累積起來就會達到我預設的目標」。

具備「目標感」這件事，不會上了國小開始學習才萌芽。在幼兒時期還不知道什麼是目標時，就可以常問孩子對於許多事的意見，並且逐漸透過父母派給孩子任務，慢慢過渡到由孩子派給自己任務。

舉例來說，父母本來晚上會不定期要求孩子洗碗筷，但當孩子熟練這項家務後，就能要求孩子自己設定「每週幾天主動洗碗筷」。當孩子完成他該週所設定的次數，就要讚美並肯定他「是個能設定任務也能完成的人」。

能在多樣化的任務中完成、產生自我效能感的人，就會在腦中慢慢植入「我也可以是個設定目標的人」這樣的觀念。因為只有「期許自己成為怎樣的人」，這種自我動力才能促使孩子在前往目標時，縱使遇到挫折，也可以鼓舞自己振作起來。

所以，根本關鍵還是在於要讓孩子有自我效能感和內驅力，因為每個人都喜歡有能力的感覺，也喜歡有能力的自己。

將目標可視化

當然，有的孩子天生較內向怯懦，可能不敢設定目標，也不相信自己做得到。此時父母要幫忙的就是陪伴孩子討論，找出他想嘗試且有機會達到的目標。

最好的目標是「跳一跳，搆得著」。一個成績在班級都殿後的小朋友，要他設定一個一學期內就突飛猛進到前三名的目標，顯得強人所難。一般來說，短期目標設計的宗旨是要能覺得「我如果試試看、如果有努力，應該有機會成功」，而不是找一個空中樓閣，雖然很美很動人，但根本攀不上去。就好像一個過重的小胖子跑起步來氣喘吁吁，投籃時連籃板都碰不到，卻想要在下個月的選拔中獲選入籃球校隊，也是不切實際的短期目標。

但藉著孩子的夢想，轉化成未來「我是那個樣子的人」的想像，就是很好的目標。例如「我想考入全班前三名」、「我想獲選進入籃球校隊」，這都是孩子自己想要的目標，當他們有這樣的自我期盼時，夢想已化為目標。接下來要學的就是如何把目標化為一個個任務，再搭配時間管理，逐步完成。

所以，「具象」的目標很重要，也就是要教孩子「將目標可視化」。

要給孩子一個練習，就是要能常常想著夢想中的自己。不管是上臺領取成績優異獎狀的自己，還是在籃球場上馳騁的自己，只要能經常去想，就會逐漸朝那個最期待的自己靠近。

如果可以的話，大人們要多與孩子分享自身的經驗。比如說，我會跟孩子分享從小就想像當作家的自己，那是我的人生目標之一。我也會跟學生分享，以前照顧一個班級，後來希望能照顧一整個學校，而那個當校長照顧全校師生的自己，就成為激勵我前進的畫面。

多想想未來的「那個我」，於是就會想要靠近。然後開始思考「從今天走到那一日，中間需要完成哪些事」。「那個我」的圖像既是期盼的目標，更是整理沿途

任務的線索，對於建構奮力往前的動力有很大幫助。

因此，要建立孩子的目標感，就從分享自己的目標開始吧！然後鼓勵孩子對自己的未來多點熱情的想像（例如「想成為怎樣的人」、「想在人生裡有哪些高光時刻」）、賦予意義，接著明確設定、逐步努力、自我激勵，終有一日一定可以如願以償。

12 管理與延續目標

有勇氣設定「我想成為怎樣的人」這個目標後，管理與延續直到成功的那一天，就是接下來的重要課題。

重要的是找到真正的興趣

很多孩子在設定目標的當下有可能是一時興起，或是受到同儕影響，過程中遇到一點點辛苦或挫折，很容易就退縮喊累不做了。而除了讀書成績的目標之外，各種技藝性漫長苦悶的練習，甚至運動競技有時還會伴隨受傷和低潮，過程中滿滿都是挑戰，要達到終點真的很不簡單。

在這前往目標的漫長路途中，大人溫暖的陪伴和支持，以及再三表達對其努力的肯定，這是一定要給孩子的。但更多的是，孩子需要長出自我激勵的能力，自我喊話、自我加油、管理好目標並讓目標延續下去，才能伴隨孩子的一生。

此外，設定目標常常不是一次就到位的事。孩子在探索過程中很可能會轉換或調整，不妨多給孩子嘗試，找到真正的興趣是很重要的。當然也有因為環境或刻意的安排，讓孩子能在某一個興趣中持續，就更容易在這領域持續投入。

我朋友的兒子從小喜歡打排球，從國小到完全中學都參加排球校隊。孩子若對排球很熱愛，他很容易就能設定一個清晰的目標，「我想成為在高中能打全國賽的選手」。透過清楚的圖像，可以幫助孩子熬過辛苦的練習。

但很多時候的狀況是，孩子在國小有體育校隊的基礎，但上了國中為了配合學校的發展而可能轉換類型，例如從田徑隊轉到籃球隊，原本的目標有可能會改變。

改變目標是不是壞事？這要看情況而定。如果孩子只是淺嘗則止，學琴學一下，打鼓練一下，畫畫也草草帶過，這時該加強的是孩子如何更深入在一個領域的機會與時間。有時學才藝的疲累和退縮，需要大人的一點點堅持，陪伴孩子的同時也和老師共同給予方法，幫助孩子度過撞牆期。

從細微處學會管理

如果是為了打發時間，或者孩子都有興趣想接觸看看，在能負荷之下是可以多樣化進行。但這些才藝不會全部都變成孩子想持續的目標，所以慢慢要有所取捨，留下最想要、最渴望的一個，為它投入心力、花費時間。

找尋和定義目標，然後設定和管理，這些都是循序漸進的功夫，卻是自控力的重要一環，因為自控力的動力來自於想要什麼、做出決定，然後自我要求，堅定的往前走。

旅美球星大谷翔平的九宮格目標管理就為人津津樂道。他的出眾來自於極為少見的「二刀流」，也就是既可以左投和右投，又是個打擊能力出色的選手。當然這要歸功於他優異的生理條件，但是在目標管理上，他透過九宮格的八大領域法均衡他人生的各方面，更帶領他前往核心目標——「八球團第一指名」。

大谷翔平找出八大重點，作為支撐目標的基礎，包括球質、時速一百六十公里、變化球、控球、運氣、體格、心理、人性，每一個重點再向外擴散第二層九宮格。以「運氣」來說，再細分成八個部分來要求和策勵自己，包括打掃房間、對主審的態度、讀書、撿垃圾、成為被支持的人、打招呼、珍惜使用球具、正向思考。

其中打掃房間、撿垃圾、打招呼是平凡的每一個人都能做到的事，竟然成為大谷翔平用來前往核心目標的其中三項任務。由此可見，管理目標就是要懂得拆解，直到最細微就是日常的小事；有能力自我約束控制，每天都能盡心做好一件件小事，就有機會逐一完成任務，前往目標。

但現實是，非常平凡且只要願意就可以做到的事並非所有人都肯踏實的做好。很多孩子連基礎的自我管理都不願意，是因為家裡照顧得太好，當父母將一切生活瑣事都幫孩子準備及整理妥當，等於削弱了孩子的能力，同時養成他的依賴性和不負責任的態度。

我們在學校常看到兩極化的父母，或是沒心力管教，或是管到滴水不漏。這兩類孩子往往生活自理能力都很低，這可從孩子在學校的座位看出，亂七八糟，垃圾連同書籍塞爆抽屜，或掉落一地也不在乎，生活細節毫無能力處理張羅。如果這時家長的反應是「到學校就是給老師管」，意指家庭教育裡沒有給孩子從細微處管理自己、解決任務的功能，如此更不可能透過爸媽的引導，幫助孩子設定目標、然後管理並延續。

別用物質獎品毀了真正的熱誠

延續目標的過程中，需要結合獎勵制度嗎？

其實最好的獎勵，是發自孩子內心的自我肯定和完成任務的喜悅，以及自己跨過門檻的喜悅，這可以成為下一次面對挑戰的動力。

而最不好的獎勵來自於父母的物質獎品：「你考上前三名，媽媽買遊戲片給你。」「鋼琴通過了檢定，爸爸送你想要的玩具。」透過物質獎勵或許短期能看到成效，但其危害性十分深遠，因為那等於無形中告訴孩子：「你是為爸媽的獎勵而努力，你本身並不熱愛這件事。」這也阻斷了孩子的自我效能感。

那介於中間的獎勵是什麼？可能是爸媽真誠的欣賞、讚美，也可能是爸媽撥出時間，用高品質的陪伴跟著孩子一起做他所希望的事，

但爸媽給予獎勵之前，一定得是因為看到了孩子的努力和付出。例如，「媽媽看到你很專心準備期中考，也很用心做錯誤筆記。等到考試結束，我們一起去逛書店好嗎？」「為了準備這次的比賽，寶貝你很主動的每天練習，而且會跟自己打

氣，不氣餒也不逃避辛苦，真是太了不起了。等比賽結束，我們一起去吃冰淇淋，好好放鬆一下。」

換言之，不管目標為何，都應該是孩子自己想要的，不要再出現父母的物質獎勵來混淆孩子「我想要」的意圖。因為那些好表現很可能是發自真心，若將孩子的自主意願物質化，很快就會毀了孩子真正的熱誠。

放手讓孩子練習自己管理目標，以及設定階段性任務，對父母來說是不容易的功課，因為總會忍不住想介入，想快點看到效果。但有智慧的爸媽一定要忍住，在孩子還小的時候就慢慢訓練他們，讓他們對目標有清楚的認知，對「我想完成什麼事」、「我想成為什麼樣的人」有心理圖像，這樣就會為了前往目標，藉由自控力來自我約束及完成它。

13

青少年的成功定義

這是某一次我受邀到國中與該校家長分享交流的題目。談到成功，我們似乎總會想到有沒有祕訣可以縮短努力的進程，可以更快靠近理想。我相信成功是有方法的，也相信成功者應該有普遍性的特質。

不過因為世代已經不一樣，我們小時候的「成功定義」，一定不會等同於現在眼前的青少年所期待的成功。

成功就是知道自己想做什麼

每個父母對家裡青少年所抱持的成功樣貌，應該都不太一樣。我在演講的場合裡問聽眾，什麼是他們所期待孩子的成功。結果真的和過去不一樣了，大部分的家長在意的並不是課業上的穩定表現，孩子的同儕關係也不在他們在意的前兩名。

前兩名是什麼呢？第一名是「孩子好像很容易情緒就很差，無法好好說話」，第二名是「手機帶給孩子的誘惑太大了」。在那次的經驗裡，家長想要解決的其實是青少年的情緒問題和手機問題。

有關情緒管理和手機問題，後面章節會再提到。但此時我想請家長們思考一下，對於你的孩子，不管現在是國小、國中還是高中學階，此時此刻你最想幫助他解決，或者你認為他只要克服了那個困難就暫時海闊天空的關鍵，其中的重點是什麼？

撇開絕對不能打折扣的品德和健康，對我來說，我給青少年成功的定義是：知道自己想做什麼。

這個課題很難，因為很多孩子不知道自己（未來）想做什麼，或者沒有信心認為自己可以做什麼。這很大的機率來自於學習上的挫敗經驗，讓孩子不敢思考自己未來具備什麼樣的可能性（怕被父母說：「書都讀不好了還想幹嘛？」）。

但更大一部分的可能性是，孩子沒有過被大人無限支持鼓勵的經驗。相反的，大人鼓勵他、同意他、支持他，他有無限的未來，他可以做什麼，他可能會擔心，一旦說出口自己想做的事，不被父母或師長認同和接納就算了，搞不好還會招來一頓責備。

最好的支持就是給予信任

有些大人還停留在過去的思維，面對職業的選擇非醫則教，要不然穩定的公務員也不錯。但現在的小孩不是這樣想，他們接觸的世界已經跟我們以前不一樣，職業選擇也大大不同。光是ＡＩ的進化，五年前和現在根本不可同日而語，更何況是大環境變動下的產業變化。所以，現在吸引他的職業和工作可能是網紅、直播主、電競選手等。但孩子知道，這樣的工作不是父母所期待的，自然不會對此表達認同和欣賞。既然不被支持，他們很難對自己的目標認真追求。

但如果家長面對孩子的未來所抱持的是開放心態，欣賞與尊重孩子當下的想法，允許他做夢，更支持他為夢想努力，孩子自然會朝目標前進，去設定期程、找尋資源、提升自己，並彌補學習上的不足和缺乏。這不一定是對應考試，而是為了支撐夢想而自發性想有的準備。這也完全符合了現在「學習」真實的樣貌，因為學習會跟隨一生，視需要就會發生，而不侷限在學校和測驗。

所以關鍵是，要讓孩子知道自己要什麼、想做什麼，他會為了靠近那個目標，讓學習產生，讓自己進步。而且因著為自己的渴望來努力，對於「每一個明天」都充滿動力，讓整個人都發亮起來，自控力也更加飽滿。

當父母鼓勵孩子找出自己想做的事，即使那件事未必是父母覺得重要的，或者覺得不是十三到十五歲的孩子所必須努力的，身為父母總是可以有個空間去滿足孩子當下的熱情，以及真正想做的事情。當孩子在這個空間得到了支持，他的活力一定可以將他帶回正規的學習上。大人若把眼界限縮在學校課業，認為考試以外的事情都是不務正業、都是浪費時間，那麼孩子會因父母的態度而受挫，日復一日的學校日常就只是換來一個做給大人看的孩子。

我們期待孩子有自控力，最好的支持就是給他「信任」的禮物。信任孩子的熱情所在是有價值的，信任孩子的夢想是有意義的，信任孩子可以規畫自己，透過學習和自我充實來靠近目標。一個安全與欣賞的環境，是孩子展現自控力的最好場所。

所以我的青少年成功定義，就是藉由父母的寬容，讓孩子知道自己想做什麼，也對學習有期待、對生命有熱情，每天都讓自己開心與充實。若能做到，就是一個很棒且成功的青少年了。

14

真正的「快樂學習」

全天下的父母都希望孩子快樂成長，但老師最怕聽到的其中一句話就是：「只要讓我的小孩快樂來上學，什麼都不重要，我也不在乎！」每次聽到這句話，我總會暗暗吃驚，父母到底是有什麼誤解，才會認為「要小孩快樂」必然得捨棄其他所有關於成長的一切？

這就很像有的家長會說：「只要小孩品行好，我不在乎他的功課表現！」這話也很沒有邏輯和道理，彷彿品行和功課只能二選一；難道就不能兩者兼俱嗎？

我們都知道，人無法靠吸收單一營養而長大，孩子也無法單靠「快樂」這個元素，就能在歲月流經之後成為獨立、自尊、同理且自我負責的大人。人體都需要多元營養素才能茁壯，孩子的成長路更是要在快樂之外經歷適當的挑戰、突破、迎難而上，換取成就感和自我效能感，那才是成長的喜悅。

切莫製造學習恐懼感

在談快樂學習之前，先來談「學習的恐怖感」，因為這才是直接摧毀學習動機和意願的魔王。

學習的恐怖感不是來自於低分本身，也不是來自於（還）沒學會的卡關感；學習的恐怖感來自於看到孩子分數就咆哮的父母，來自於無法安心討論學習困難的父母，也來自於對學習冷暴力的父母。

當我們氣急敗壞的對考差的孩子說：「怎麼還錯這個？這不是昨天才講過？」當我們對孩子大吼：「這麼簡單的問題為什麼不會？真是笨死了！」當我們輕蔑的將考卷丟還給孩子：「考這麼爛還想要簽名？」這就是學習的恐怖感。因為對孩子而言，學習造就了「我與父母間」的對立，父母對我的言語也有強烈的嫌惡。「恐怖」就是指「爸媽因為這次考爛了而討厭我」。

製造學習恐怖感是一種無助於孩子有效學習的爸媽類型，另一種類型是前面說的「快樂學習就可以，分數不重要」的父母。這樣的大人既不能幫助孩子補強學習漏洞，也無法建議孩子有效的學習策略；更不妥的是，父母還在無意間表現出其實是懶於和孩子一起檢視分數所象徵的意義，以及孩子需要的幫忙。

快樂學習不只是好玩或有趣

只會強調「快樂學習」的家長是在暗示孩子，學習如果不快樂，就可以不用理會。這是否意味著以後遇到任何事，只要不快樂就可以不做？但人生還有一種價值叫作「負責任」，有很多不見得快樂的事，基於責任和義務，我們還是必須去做，甚至做到更好。學習也是，不管快樂與否，都是學生要面對的基本責任。

當然了，若是學習能帶來快樂，那面對它、接受它的挑戰（和折磨）、為它投注精力與時間就會有意義。因為那是自己與自己的對話，我們會因此而更願意將學習視為一種媒介，想辦法透過它讓自己變更好。

既然快樂對學習有正向意義，這就是為什麼現代教育如此重視「引起動機」。每個老師都寫過教案，而教案一開始都是在設計怎麼引起學生對知識的渴望。另外也很重視「趣味化教學」，透過多元的方式，讓學生發現課程的好玩之處，持續保持對學習的專注力。

但其實更重要的是，要讓學習的「快樂」不只是在於「好玩」或「有趣」的學習過程。因為再好玩、再有趣，也比不上3C科技。真正的快樂學習，是要跨過表面的好玩，而讓學習者有克服挑戰的成功經驗，也經歷何謂突破困境。這當中所發展出的自我效能感與價值感，才會成為心中的勇氣種子，幫助孩子無懼面對下一次之後更困難的關卡。

學習不該停留在表淺的快樂，因為煙花式的好玩就像打了一場電動，聲光效果極佳但很快就空虛襲來。只有「感覺自己有進步」的內在體驗，感受到自己的「有能感」，滋味才是最美好動人，也才能帶來身心的喜悅，以更多能量迎接逐次加深加廣的學習螺旋。

所以，沒有「快樂學習」這件事。但是，可以有「學習的快樂」，建立在一次一次更進步的自己」。

下一次，就不要再跟孩子說「快樂學習就好，分數不重要」，而要說：「當你跨過障礙、感受到自己進步時，你會更快樂。爸爸媽媽陪你，我們來看看怎麼獲得這份快樂。」

這樣，孩子會得到另一份快樂，叫做「爸媽陪我面對學習困難」的愛。

15 學習時間管理之前的重點心法

關於「時間管理」這個議題，不但很多成功學、商管經營類的書籍在談，也愈來愈常出現在教養書籍中，因為隨著孩子長大，就會希望他自律和自我負責，所以如何善用時間就成了重要的事。

時間管理並不是把時間都填滿

經常有人問我：「可以請你分享怎麼教孩子做『時間規畫』嗎？」「我的小孩總是拖拖拉拉，媽媽看了都要內傷了，但小孩好像都沒關係似的……」我們常會把焦點放在孩子怎麼「使用時間」，總是看不慣孩子如何支配他的時間，也因此難免

引發親子間的口角。

確實，我們都很期待孩子合理的分配他的珍貴資源「時間」，包括能主動寫功課、主動複習、做家事、整理房間、收拾書包，然後準時上床睡覺，這是每一個父母心中的完美小孩。但真實的情況往往不是這樣。其實，時間的使用奠基於孩子的自律性與自控力，我們不妨反思一下，孩子看到的榜樣（也就是父母自己）是怎麼運用時間呢？

回想一下前一天晚上從下班到睡前，我們是怎麼調配時間？是不是回家後先做一些基礎家務、洗澡、簽聯絡簿，然後因為疲累而只想休息、追劇、滑手機？我們不見得想要把夜間的所有時間都填滿，大概也沒力氣進行額外的學習，只想放空什麼事都不做，或做些無腦的事。

其實孩子也是如此。在學校、安親班、才藝班、補習班忙碌了一天後，他們也會彈性疲乏，自控力資源跟著下降，所以在教導孩子怎麼規畫時間、進行時間管理前，家長要容許孩子有「空白時間」，可以什麼都不做、不想，一點都不精進也沒關係，玩手遊也行。重點不是不能休息，而是可以掌控休息的開始與結束。

不管是孩子年幼時由父母幫忙規畫，或者孩子較大之後自己安排事情，都要給他們一個觀念，那就是不要急著把時間塞滿，而要留下些許空白時間。那是一種調劑和轉換，更是一種留白，如此才能在留白中喘息，或有機會挖掘出自己的興趣。

孩子都是從模仿父母來的，但光是爸媽的時間管理策略就不一樣，有可能媽媽比較細緻、按部就班，爸爸則比較不拘小節與關注重點。這沒有好壞，有效率進行且態度認真的完成預定的安排，又能在過程中保持身心愉快，這才是時間管理的目的。

成為有高度自我掌控力的人

在帶著孩子進行時間管理之前，有幾件事必須先讓孩子理解或具備：

一、做決定的能力

當孩子能為自己的若干事情做決定、可以為自己做下的決定負責，我們就能對孩子說：「你為自己做的最棒決定之一，就是規畫你的時間，完成你想要做與必須做的事情。因為時間是我們最可貴的資源，一旦流逝就不會再回來。」

二、**分清楚「想做的事」和「必須做的事」**

親子間的閒聊可以談談晚上的時間怎麼運用？想做的事是什麼？必須做的事又是什麼？比如說，閱讀課外讀物、跟手足玩耍，甚至洗澡洗久一點，都屬於想做的事。而「完成功課」、「準備明天的考試」、「練習樂器」是屬於必須做的事

讓孩子自己說出來，並讓他知道好的時間管理、好的妥善分配，就是既完成「必須做的事」，也能做點自己心愛的「想做的事」。

三、**學習取捨和排序「想做的事」和「必須做的事」**

爸媽應該以身教不停示範「重要的事優先做」，也鼓勵孩子嘗試這樣去做，因為能夠間接堆疊出他的責任感。而責任感的累加，就會積存自我效能感，逐步豐厚孩子的自控力。

在孩子列舉一串「想做的事」和「必須做的事」之後，我們可以拿張紙幫孩子分左右兩邊寫下來，然後在左右兩區請他依照心目中的重要性各自排序，這也是在間接練習輕重緩急。如果孩子的排序不是父母的期待，先別急著糾正，讓他試試自

己的安排。雖然可能會嘗到一點小後果，但也是滋養孩子經歷的養分之一。

在日常晚間，爸媽聊天時可問問孩子：「你今晚有多少（可運用的）時間？」「你今晚有多少必須做的事？」「你今晚有多少想做的事？」每日不經意的問一下，讓孩子習慣去思考這個問題，自然就會在心中慢慢形成排序的概念。當然，父母的實作分享有助於幫孩子理解什麼是好的「優先順序」，也就是父母讓孩子看到自己在安排工作或生活時，是依照怎樣的想法去決定輕重緩急，久而久之便會模仿與內化，並理解到：「事情依緊急與重要性來安排優先順序是一件很自然的事，因為我爸媽也這樣做。」

四、認識「時間顆粒度」及掌握「時間流逝感」

一個平常人和國家領袖、世界首富的「時間顆粒度」一定不同，所謂時間顆粒度就是指管理時間的單位。我們規畫時間可能以兩小時、一小時為單位，但極忙碌者的時間顆粒度可能是十分鐘，甚至五分鐘。

孩子剛開始練習規畫時間時，可以從「一個半天」開始，例如在這個半天（這個下午或這個晚上）裡，我有哪些事要做。對孩子來說，學校課表就是他最熟悉的時間規畫表，這張表上把他在學校的時間分成若干等分，大等分如一堂課、午餐時間，小等分如下課時間、打掃時間。這樣孩子就能明白四十分鐘（一節課）和十分鐘（一次下課）的流逝感。

為什麼要讓孩子認識時間顆粒度呢？因為後續導入番茄鐘的應用時，孩子會更有感：我的時間顆粒是什麼？我可以在我一個時間顆粒度中做多少事？而讓孩子掌握時間流逝感的目的，是為了加強他對時間的感受力，例如洗澡應該多少時間？吃晚餐應該多少時間？或是「一個小時內」要完成功課夠不夠？

五、知道「妥善安排時間，是對我的幫助」

包括大人在內，很多時候會在潛意識中認為，做時間管理就是為了把任務完成、盡到責任，這好像是一種束縛，是不得不做的功課，也是一種壓力。為了降低這種負面感受，我們可以試著把規畫時間安排在愉快的事情上，如此便能稍微沖淡時間管理的嚴肅面貌。

時間管理的意義在於，它其實是要讓個人更認識自己的時間，以及讓我們在時間經過的當下有充實感，而在時間過去之後有自我效能感。例如生日的安排是大多數孩子最期待的一件事，爸媽可以跟孩子討論生日當天要有哪些安排？若是假日，是否全家出去走走，晚上回家後再慶生？如果不是假日，晚上先抽時間去買蛋糕，回家後全家一起唱生日歌和吃蛋糕？

安排事件的出現與進行程序，就是最基礎的時間管理。因為管理時間不一定要扣緊準確的時間段，但它有出現和完成的層遞性，因此告訴孩子只要好好規畫順序，並在流程裡順利完成，就是最簡單的時間管理。

有很多筆記工具、數位工具可以幫助我們進行時間管理，但在這之前，心法和觀念很重要，讓孩子學習時間管理，就是希望他獲得快樂、掌握自我、活出效能感，進而更喜歡自己，因為「我有高度自我掌控力」。

16 時間管理的具體操作

上一篇談到了進行時間管理前的重點心法與觀念，那麼有哪些具體操作能讓孩子同時學會規畫時間與管理任務，然後還游刃有餘的感受到自己的「有能力」？

用寫和畫將時間和任務可視化

再小的孩子，都可以跟他談談什麼事花了多少時間，無形中培養對時間的「感知」。幼兒之後，就可以拿出一張白紙，畫出一個大框框，告訴孩子這個框框裡可以裝入「今天晚上你想做的事」，而他想放入哪些事。也就是利用遊戲的方式，將想做的事與看不見的時間結合在紙上的一個框裡。這時候就算孩子講的都是玩耍的事也沒關係，在這個階段只是要讓孩子練習「（喜歡的）事情都可以安排的」。

上了小學之後，可以把原本一個框框變成三個框框，這就是假日的「上午」、「下午」和「晚上」。請孩子分別在不同的框框內放入想做的事，以及必須做的事；必須做的事包括功課和老師交代的各種練習。這時候，時間管理就能結合學校需求，一起搭配處理。

對孩子而言，除了學習從一個框框到三個框框，要思考放入的事情變多了；另一方面，開始納入「取捨」和「責任優先」的練習：當有很多想做的事時，哪些是必須優先完成的，一定要放進框框裡。

當然剛開始我們可以引導孩子，每個框框裡放入三、四件事就好，甚至包括娛樂和休息。這時候還不需要寫入每一件事要從幾點幾分開始，但可以鼓勵孩子思考，他預計要花多少時間做他填入框框的某件事。比如說，孩子說要練習跳繩，因為下週校慶要比賽。那就可以請孩子思考一下，他在某一個框框裡需要練習多久？讓孩子想想體力負荷與跳繩成果間的關係。如果練習二十分鐘可能就累了，但只練習一次不夠該怎麼辦？此時鼓勵孩子安排入另一個框框（另一個時段），增加練習以強化熟練度和體力。

以上說明的都是將時間和任務「可視化」，透過寫下來或畫下來，讓抽象事物變成具體可見，可以做完刪掉，倘若安排太多做不完時，便討論看看其中的原因為何。

「可視化」的東西可以結合獎勵。當框框內預計要做的事都完成了（包括預計要做的事是休息或玩耍），可以獲得和爸媽共享冰淇淋的時光之類。讓孩子知道，不是完成「學校規定的」、「必須辛苦做的」才叫作完成任務、我有好的時間規畫。應該要讓孩子逐步獲得的成就感是，只要他預定出來的事情，只要有在預設的時間內完成，都值得肯定和獎勵。

學習時間管理是一連串細部的引導

時間管理是一件需要為孩子搭細部鷹架的事，從「慢慢感受時間」、「我決定有什麼該做的事」開始，引導孩子慢慢明白這是怎麼一回事。

當孩子熟練這樣的操作後，每週五晚上就可以請他畫下接下來兩天的時間表格。分別是週六和週日各畫三格（三個框框），將該做的事、想做的事、必須做的事、做了會開心的事……填入表格，然後一一完成。

另一個要帶入的觀念是「重要的事優先做」。鼓勵孩子：一個有自我效能感的人能夠控制自己，勇敢面對自己的責任。所以他會盡早完成學校必須做的功課，或為了考試必須準備的練習，而不會刻意拖延到週日晚上。

爸媽還要幫孩子檢視的是，在每一個框框裡都盡可能有鬆有緊。這樣的引導剛開始是為了訓練孩子在嚴肅的任務間懂得轉換或休息，但其實是在間接告訴孩子要讓自己保持彈性，這樣在完成任務清單的路上才會有好心情。

練習判斷事情的輕重緩急時，還會使用「時間管理矩陣圖」。方法如下：畫一個大十字分為四個區塊，左上角是「重要且緊急」，右上角是「重要但不緊急」，左下角是「緊急但不重要」，右下角是「不緊急也不重要」。在每一個框框裡都可能出現這四種緊急與重要程度，因此就得從「重要且緊急」開始進行。

「番茄鐘」的專注訓練

除了「時間可視化」之外，導入「番茄鐘」的概念對孩子也很有幫助。

「番茄鐘」這幾年經常被提及，其核心意義是每專心工作或學習二十五分鐘（這段時間不接手機，也不隨意走動，保持高度的專注），可以休息五分鐘。每三十分鐘是一個循環，每三至四個循環可以休息久一點，大概二十至三十分鐘。它的概念很好理解，操作起來也不複雜，最大的困難就是維持那二十五分鐘內的專注。

有關番茄鐘的App很多，我建議給孩子使用「Forest專注森林」，有分免費版和付費版，可自行評估需求。這個App是只要專注二十五分鐘，完成一次循環，就可以在畫面中種下一棵小樹。小樹種多了，會慢慢形成一片樹林，看起來還滿有成就感的（發現了嗎，這也是一種「時間可視化」的運用，專注過後的時間變成一棵棵小樹，具體又吸引人）。

更棒的是，這款App還有不同的樹種可以買，結合類似遊戲擴充寶物的概念，很吸引孩子，會以認真的態度藉由App進行番茄鐘的時間管理。

但這個練習最重要的目的，其實是幫助孩子內化這樣的習慣，寫練習寫功課，甚至看小說，都會給自己設個番茄鐘。為人父母只要提醒孩子，不要為了種樹而種樹，但實際上在那二十五分鐘內並不專心。番茄鐘的概念雖然是二十五分鐘，若孩子還沒辦法一次專心這麼久，也可以從十分、十五分開始，最主要的是練習自己專心（App可調整每一個循環的時間）。

我也有讓我的孩子使用這個App，她在一段時間後與我分享，以她來說最高專注度就是二十至二十五分鐘，她曾試過一個循環的時間更長（如一小時），卻發現自己根本沒辦法專心這麼久，因為會累，然後就分心了，只是在等時間過去。

我認為給孩子自己去體驗自身的專注極限，讓他感受耐力和專注力的邊界，然後找到最適合自己專注做事的時間區間，是很好的經驗。

時間管理不是只有把事情做完而已，專注的過程和自我滿意的情緒，對個體的自控力更是重要的結果，因為高度效能感才能為下一次帶來動力。

所以，我們給孩子鷹架、引導、設定局部範圍再慢慢擴大、提供好的工具，做這些都是為了讓他不但學會，還能從中享受樂趣，最後感知到自己對於「任務」和「時間」都是能駕馭的。

17 國中生的五大時間管理挑戰

前面談到了如何幫助幼兒跟小朋友建立「認識時間」、「感受時間」，以及了解「時間」和「任務」間的關係。那對於國中生呢？他們已有完整六年的學階經驗，也很熟悉校園內課堂安排與時間之間的關係，他們面對時間管理的困擾會是什麼？在更有主見但深受同儕影響的青春期階段，遇到的時間管理挑戰會不會和人際關係有關聯性呢？

以下是國中生對於時間管理的五大挑戰，學習並掌握之後，便能在兼顧他人認同的同時也完成時間規畫裡想做的事，並且知道如何面對拖延的引誘以及如何增強執行力等。

一、以朋友為先

在國中生的世界裡，追求團體／同伴認同是比聽爸媽、師長的話更重要的一件事，但這也引發了其他的副作用，包括難以拒絕同伴邀約的同時，把自己該做的事情順位往後延了又延；或者明知應該先完成自己的學習和必須做的事，卻又不知道怎麼表達，才能維持原先的好友誼。

我們要告訴孩子，每一個人都有很多角色，雖然朋友很重要，但「來者不拒，照單全收」絕不是維持好關係的方式。因為我們把重要的事擱置了，優先處理朋友的請求，心裡會不會不舒服呢？要是累積久了，這樣的情緒是不是一樣成為彼此的干擾？所以，練習對朋友說「不」是很重要的一件事。

不用擔心拒絕朋友是否會失去友誼，而是要練習實際評估自己的時間和能力，避免過度分散，以致本該屬於自己的責任卻沒有完成。

但如何有技巧的向朋友說「不」，是國中生可以學習的。比如說，幫對方找到替代方案，任何事都不是只有「我來幫忙」才可以解決。幫對方思考其他處理問題的方法，對方應該能夠感受到你的誠意。其次，說明自己無法幫忙是因為要做某某事，爭取對方的諒解也是朋友間真誠互待的一個方式。最後，表達這次雖然因為自己還有事情要處理而無暇幫忙，但下次如果還有需要，一定盡力相助。

二、分心或拖延

現在的國中生人手一機，再加上社群媒體和手遊，占據了很大部分的專注力。面對外界的干擾，誘惑力實在太大了，很容易引起分心。「分心」是最厲害的「時間小偷」，默默的偷掉我們寶貴的時間，然後拖慢了處理事情的速度。

做喜歡的事，就會進入心流，會進入全神貫注的狀態。但不是每一件該做的事（或者學習）都令人喜歡，有時候是基於責任和不得不，所以可能不是這麼喜歡。這時候就該找到方法來面對分心帶來的效率低下，甚至拖延，最直接的方法就是離開令人分心的環境。

具體做法是，如果3C讓人分心，那就把手機關掉，或放到不方便拿取的地方。網路讓人分心，那就去一個沒有網路的地方。什麼東西讓人分心，就先排除在外，遠離視線。

接著導入番茄鐘，規畫自己每一個時間小單位（二十五分鐘或二十分鐘）要做多少事，讓自己有點「被時間追趕的感覺」，這也會讓自己更集中注意力，專心面對眼前的小任務。

最後，找一個好朋友互相督促，一起制訂短程到中程的計畫，在不同的地方各自努力，然後在休息時間分享進度，彼此提醒，互相加油。有同伴的感覺，會讓人在努力過程中不會感到孤單寂寞，也會因為好友間的良性競爭，幫助自己更投入更專注。

三、追求完美主義

有時候拖延的原因不是因為分心，而是因為舉棋不定，不知道怎樣才會達到完美，所以逃避讓事情開始。

追求完美、訂立高處事的標準，當然是件好事，因為會激勵自我，讓事情或努力都有好的結果，是很好的態度。但「剛剛好的完美」，更好！因為讓完成任務先求有再求好，接納它還不夠完美卻允許在時間餘裕時修正，這會是更好的結果。

追求完美主義的另一面，往往是眼高手低，以及沒有正確評估所需要的時間和體力。或者與他人合作時，總不放心別人的處理，認為自己來比較好，這些都不是好的任務管理和時間管理方式。

所以，除了要鼓勵家裡的國中生學會為任務分出輕重緩急，也要學著為任務分出重要性。對於十分重要且個人寄予厚望的事，就要提前做好規畫，給足時間完成。此外，還要培養「倒推的能力」，從期限往前推算，設定不同的「檢核點」，以確保每一個節點都有基本的進度，而不會到最後因為完美主義而讓事情一點都不完美。

四、低下的執行力

有時候我們制訂了計畫，對於執行也躍躍欲試，但發現不久後好像出現不少小問題，很快就從原本的信心滿滿變成意興闌珊，這是為什麼呢？

做了計畫卻沒辦法好好完成，原因可能有以下幾種：計畫訂得太瑣碎或太困難。比如說給自己訂了一小時背一百個單字之類，或整個下午都是安排學習任務，沒有留時間讓自己休息；或者事情與事情之間沒有保留彈性，一旦有突發狀況插進計畫打亂本來的節奏，就會讓該做的事往後延而不得不修改計畫等。

除了以上兩種原因，還有就是被分心偷走時間，效率低下也會影響後續的安排。要不然就是短期計畫中看不到明顯成效，便開始懷疑自己的時間計畫是否有問題，很快就失去信心。

所以，我們要以持平公正的態度檢視計畫、進度是否合理？時間是否足夠？鬆緊是否有度？有無留下空白時間以防突發事件？如果我是老師或有經驗的學習者，我會怎麼評價這份計畫，有哪裡需要改進嗎？以及當小型任務完成之後，我給自己的獎勵是什麼？

孩子不見得知道如何檢視計畫，他們可能只是滿懷熱情和動力制訂一份計畫，但父母、師長要給予建議，並鼓勵孩子做合宜的調節，訂出一份合理的計畫，才會帶來順暢的執行，然後慢慢累積自我效能感。

五、無法自我激勵

既然時間要可視化、任務要可視化，自我激勵也要可視化。鼓勵孩子把自我鼓勵就寫在計畫或時間表格裡，比如說，和同學聊天十分鐘、吃兩球冰淇淋之類。別小看這只是小小的獎勵，卻是每一個任務執行完成後小小的喘息。或請孩子在計畫表上寫下自己喜歡的一兩句格言，用智慧的話語激勵自己，維持動力和目標感。

一個好的時間管理者，勢必也是個優良的計畫制訂者、執行者、自我激勵者。

既然知道如何善用最可貴的資源，就會更清楚如何透過不斷進化的過程更肯定與喜愛自己。

談了這麼多自控和自我管理，以及如何有效達到目標，但其實要達到一個個學習或競賽的目標，還須伴隨一個愈來愈喜愛的自己，享受不停進步的成就感，才是鼓勵孩子學習時間管理最重要的意義。

18 以終為始的能力

二〇一八年，我到國家教育研究院接受校長儲訓，學習到的第一件事就是「以終為始」這個價值，這是要教育未來照顧各校學生的校長們，不管路走了多遠、碰到多困難的事，永遠都要不忘初心，也就是教育的初衷與良善。這詞彙的另一個解釋是，設定目標與執行，保持「以終為始」的信念，因為這會讓人既對目標專注，又有長期規畫的能力，在起點和終點之間控制自己。

站在終點往前看並盤點自己強弱點

不要覺得以終為始是很困難的事，因為我們從孩子很小的時候就在生活中無形的傳遞這份價值，也透過各種事件教育著：「先判斷這件事的終點，我到達終點之前有哪些期待、資源或限制，而且需要完成哪些事。」

比如說考試，考一節課是四十分鐘，孩子需要知道這節考試的終點就是「順利交卷」，期待就是「盡可能正確的寫完考卷，最好還要檢查」，限制則是「時間有限」（這代表不能在某一題上耽誤很久，也代表不能答題拖延），而資源就是足夠用的文具，以及充分的準備和專心度。

所以孩子該做的是，需要在拿到考卷後快速瀏覽，填上姓名座號後依序作答。同時也要留意時間，以及克制自己不被其他事所分心。遇到障礙（難題）時怎麼處理？時間快到卻還剩很多題沒寫該怎麼處理？如果之前習慣性看字跳行又怎麼處理？孩子需要在短短時間內綜合判斷許多情況，然後對自己下指令一一解決。

站在目標終點往回看，盤點所有利於自己、不利於自己的要素，然後規畫時間，按部就班去處理，就是以終為始的精神。

「考試」只是一個簡單的例子，在自控力養成的路上，需要很多次實務的練習。最好的榜樣就是青少年所仰望、所喜愛的偶像，因為很多成功人士、運動明星都是用以終為始的態度打造自己的目標之路，包括前面提過的大谷翔平，他的目標是「成為球團第一指名」，就從目標往前推導，列出了八大面向、六十四種指標，以大量且具體的努力來堆疊自己的能力。

「準備定期評量」是最好的練習

有了「我想成為什麼樣的人」這個終極目標後，我們還要教會孩子「拆解」成中、小目標，分解出好幾個更容易在較短時間內達成的中短期目標，最好是可以量化，比如說學習（練習）了多少小時、取得什麼樣的獎項或成績、參加什麼樣的競賽等。

當中短期目標很具體時，是容易檢視的。「檢視進度」也是重要的習慣，因為這才能確保有在這個目標的沿途上，沒有繞到岔路走偏了。如果進度不如預期時，應該要誠實面對自己，檢討原因，有需要調整計畫就做調整，因為計畫並非一成不變。

對中小學生的日常而言，最好的「以終為始」練習，就從每個人都會經歷「準備定期評量」開始。如果把「定期評量要表現好」當成終極目標，期初學校發下的行事曆就有考試日期，便能以那個日期為終點，倒推排出可以準備的時間，想用多少時間取得怎樣的表現，加上考慮本來的程度，以決定要安排複習的強度。

當然，孩子一開始不會如機器人般自動自發，發現哪裡不足便迎難而上。這需要爸媽手把手帶著做過一遍又一遍，產生節奏感後，開始請孩子從小範圍做自己的規畫（例如考前有八週的準備期，每兩週做一個小階段，第一個小階段應該做哪些事），並讓孩子實際演練。

不斷想像抵達終點的樣子

以上是以學校考試作為例子，但孩子的其他才藝、體育、技能等各方面的練習和準備，更需要以終為始的規畫力。合理又具體的計畫會成為穩固的框架，令人有心安感，照著去做就對了。但不是不能改，看到有錯誤或依現實狀況去調整，然後為新的計畫負責，更是一種成長的表現。

不管是怎樣的以終為始，都要讓孩子有可以討論和對話的對象，不孤單的面對目標，即使這個目標是自己決定的。當然我們會期待青少年最終要能自我激勵，靠著自律而不是他律；但練習以終為始這個能力起初所給予的陪伴，就是最好的支持。陪伴者可以是信任的老師、前輩、好朋友，或者無話不談的父母，只要能給予青少年建議和鼓勵即可。

過程中如果能不斷想像著自己抵達終點的樣子，那個畫面和「那樣的自己」會是沿途中遇到辛苦、疲勞時很大的動力。回想初衷，堅持初衷，更是以終為始的精神。

PART 3

內在心態
與耐挫力養成

19

讓快樂支撐自控力

父母、師長希望孩子學習自控力，無非就是希望孩子「能有目標」加上「能有恆心毅力」。但其實我們常忽略很關鍵的一點，就是人之所以能在艱辛的路途上奮力前進，因為有成就感與快樂，這才是支持的關鍵，也是過程中不斷激勵自己的根本。

不斷因為有目標，所以快樂

擔任校長首年的十月，一年級導師帶著一個孩子進入校長室。小朋友怯生生的遞給我一張卡片說：「校長，這是我的攝影展，希望校長能來參加。」感覺孩子是鼓起勇氣才敢在老師的陪同下說了這句話。

什麼？攝影展？熱愛攝影的我也沒有開展的能量，我的小一學生竟然可以開展，太棒了！

我興奮的蹲著與他同高，對他說：「你好厲害呀！校長一定會去！你的攝影展主題是什麼？」

聽到校長馬上允諾會去看展，孩子眉開眼笑，說道：「我的攝影展主題是昆蟲。」拍昆蟲是微距攝影，需要很多耐心，這麼小的孩子有辦法撐得住那漫長的等待嗎？我帶著些許疑惑，在攝影展當天踏進了會場。

孩子的昆蟲攝影展辦在一個溫馨的獨立書店，小小的店裡擠了滿滿的人，四周掛著、擺著孩子一張張拍出來的昆蟲相片，有振翅的、靜止的、蠕動的、紋理清晰的……。主持人請孩子介紹這些照片，並分享最愛的是哪幾張，以及拍照時印象深刻的事有哪些等等。

拿邀請卡給校長時還很害羞的孩子，這時拿起麥克風講到攝影，簡直換了個人似的，侃侃而談，神采飛揚。他敘述著自己是怎麼匍匐或趴在林野間，靜靜的近距離屏息等待；又說他是如何忍受酷暑下的高溫，就為了捕捉關鍵的瞬間；同時也分享了他是怎麼查找資料，就為了想更認識這些昆蟲們的各種習性……

才小一的孩子，我遠遠望著臺前分享的他，感覺到他閃著架勢和光芒，在他努力且熱情的領域裡，令我這個校長既驕傲又感動。他因為熱情（喜歡昆蟲）和目標（拍下昆蟲的一切），高度自控的減少玩樂和睡眠，當然手遊更不可能吸引他，因為他有更好玩、更讓自己快樂的事。

如果有機會，我總會跟讀者或粉絲分享，讓孩子自己做決定；或至少，讓孩子願意來討論，一起做決定。因為人唯有在自己熱情和作主的事情上，才會甘心去努力奮進和爭取。蘋果創辦人賈伯斯（Steve Jobs, 1955-2011）說過一句話：「在成就偉大的事業之前，你必須先熱愛你的工作。」我想這位小朋友給了很好的詮釋，快樂奠基在目標上，這讓自己的任何行動都能自我要求、自我約束、自我控制。

孩子的快樂需要父母適度放手

我想，沒有父母不願意孩子快樂，但也有許多父母在引導孩子的意願或目標之前，就先把自己的目標變成孩子的目標，接著期待孩子能自控，喜歡那個其實是父母想要孩子做到的目標。

「好好讀書」、「少玩手機」這類型目標，如果不是孩子自己願意（不管是父母作為榜樣，還是父母說服了孩子），那幾乎是家裡親子紛爭的根源。

前面說的這位小昆蟲攝影師，我在現場也和他的爸爸聊天，請教家長怎麼教養出這麼有想法、會為自己的夢想努力的小孩？爸爸回答，他們可是給孩子換過幾台類單眼相機了呢，因為孩子拍得太勤，相機都被操壞了。爸爸還說，他常常為了陪孩子拍照，和太太花很多時間接送及等待。然後當孩子央求相關的昆蟲百科等閱讀材料時，不管是借來、買來還是上網查，不管是金錢還是時間，都是必要的付出。

爸爸笑笑的分享，我可以感受到他對兒子的疼愛和引以為榮。而我更是敬佩家長如此不計時間和金錢支持孩子的熱情。這讓孩子不但在安全感中長大，在滿滿的幸福感中因為有爸媽的支持，所以敢不斷的擴充生活舒適圈，面對更精彩的昆蟲世界。

當然回到日常生活，這樣專注投入於興趣中的孩子未必是作業一百分、功課優異無須操心的學生，但他知道「我怎麼付出、怎麼堅持，我就會獲得怎樣的回報與快樂」。孩子有這樣的歷程，知道「為自己努力」是怎麼一回事，這在他未來面對其他課題時，會比同儕更有機會經驗遷移，因為在他很小的時候，就曾為目標堅持過、辛苦過、等待過，最終抵達。

孩子的「快樂」，有時候是需要大人刻意呵護的。自己可以做決定的快樂、自己可以規畫時程或行程的快樂、自己可以追求想要的快樂、自己可以支配時間或金錢的快樂……，都需要父母適度放手，在安全道德的範圍裡，讓孩子透過自主性走完歷程，引導孩子獲得「快樂」。這份快樂當然對孩子來說是真實的，後面也有著父母充滿愛的信任和支持。

但不管孩子的快樂是否來自於父母的引導，我們都要記得，只有能感受到的成就感與滿足的快樂，才能讓人在辛苦的自我要求裡，有盼望和前進的動力。

20

打造孩子積木般的人生

AI當道，未來世界需要的人才特質正被重新定義，但絕對不再是考試滿分的記憶王。更多的軟實力和硬技能若能在一個人身上融合得很好，這將是職場上更被需要的特質。因為世界上的所有問題都不是繞著「學科」而產生，而是隨著不同任務一一以不同樣貌冒出。

技能愈多，創造的價值愈全面

困難都是隨機出現，更多的是在大環境下的各種變化，所以別說是父母了，就算是從小學到大學或研究所完整的教育機構，也未必能全面的型塑解決問題的人才。因為更多時候，人才要靠自我學習、調整、蛻變、進化，才能應付眼前的挑戰。教會我們的孩子、學生，有組建自己的思維和能力，這才能終身受用。

然而在這之前，大人先要有為孩子「打造積木人生」的觀念，然後在一路成長的許多機會中做給孩子看。

什麼是「積木人生」呢？堆疊與組裝積木是很多孩子的童年經驗。早年的孩子幼時就算沒有樂高（可能太高級了，經濟上無法負擔），木頭積木也能陪伴很多小朋友靜靜度過一段時間，因為積木有無限的變化組合，可以堆疊出許多花樣。就算推倒了再重新來過也不可惜。

現在的樂高積木更是五花八門，各種顏色、各種形體的粒塊，變化萬千的把腦袋裡的創意和設計落實在眼前。每一種不同顏色、不同形體的粒塊，就是孩子不同的能力。當他具備得愈多，需求來臨時就更能提供不同的組建結果，來處理當下的問題。

比如說，現在許多年輕人透過自媒體替自己發聲。他需要的能力包括企畫、行銷、錄製（聲音或影片）、後製、美工、推廣、上網或上架……，當然有很多工具可以幫忙，但整體思維和基本操作還是必備的。如果一個人做不來，可以組織團隊共同分工。然而起步時具備的技能愈多，不同技能組合起來的效能所創造出來的價值就會更全面、更與眾不同。

語言使用是一種強大的技能，熟練英語已是一個門檻，若是再多熟諳其他語言，是不是更具優勢？再則，經營自媒體時倘若具備雙語公開演說的能力，一旦市場需要雙語主持或主播時，機會就來了。書寫則是另一種技能，吸引人的文字能在這注意力稀缺的時代找到買家。

以上舉例是「硬技能」，若是還能兼具「軟實力」，那「人生積木」的設計就更多樣了。

硬技能＋軟實力，打開更多可能

軟實力包括和善但雙贏的溝通態度、自控力高的做事風格、不計較的人我相處……等等，更容易讓對方在考慮同樣具備硬技能的人選時，你因出色的軟實力而雀屏中選。

「硬技能」要靠不停的學習，刻苦鍛鍊自己；但「軟實力」的扎根，就是在家庭、在中小學、在一路的成長過程裡。孩子會什麼、有多扎實，這是他的硬技能；孩子怎麼看待自己、面對他人、與環境互動，就是他的軟實力。

一個個硬技能、一個個軟實力，都像一塊塊不同顏色、不同造型甚至是隱藏版配件的樂高積木，讓孩子能夠組合出一個個別人學不來也無法模仿的形體。

「很會讀書」、「考試滿分」、「單字背得好」等頂多是「硬技能」。但是「知道自己要學什麼」、「懂得為自己的學習找到方法」、「懂得安排自己的時間」，或者「懂得怎麼和爸媽、師長說話，請求支援」、「具備旅行的勇氣與能力」、「失敗了怎麼調整自己」……等等，才是未來需要的「軟實力」。

所以，和「好好讀書」一樣重要的事非常多，包括把碗洗好、關心家人、好好說話、負責任的態度、自己的事自己做……，任何一件事都和考一百分一樣重要，甚至更重要。

爸媽可以想成是要讓孩子具備很多塊「樂高」，或許深淺不同，有的大、有的小，有的色彩鮮豔、有的灰白單調，有的特殊、有的常見。無論哪一種都沒關係，就是讓孩子擁有很多種不一樣的「樂高」，並尊重他可以隨意組合搭配的能力，自然能做出不一樣的東西，而每一塊都不可或缺。各種組合都是美麗人生，這些基礎正是因為有一塊塊不一樣的樂高，包括硬技能，也包括軟實力。

所以，請放下「學科唯一」的心態，這真的不符合未來的世界。多方面的為孩子累積「積木」，並讓他一直擴充自己的「積木」，因為不同的積木組合起來，能為他將來解決更多問題、打開更多可能，如此才會有更多選擇闖闖這人生的精彩關卡。

21 自得其樂，找尋安撫的力量

打造自控力的方法包括設定目標、管理時間、控制壓力等，但個人心態的穩定、找尋安撫自己的力量，其實是自控力型塑中最不可或缺的一環。

因為人不會一直在處理高亢奮進的狀態，也不會一直處在自我成就感十足的高光時刻。更好的其實是，大部分都是平靜的狀態。所以我們會期待孩子能自我調節與紓壓，保持情緒平和，就算遇到不開心的事，也有能力排除負面情緒、加以轉化。

養成安頓自我的能力

在學校有時會遇到小朋友不知道怎麼安頓自己，也不知道空閒時間要做什麼

（因為在學校不能隨意使用手機），常常喊著無聊；有些孩子易怒，一不開心或不順心就會表現在動作上，或者言語上對同學和老師不客氣、不友善。這些孩子缺乏的就是成功自我安撫的經驗。其背後原因可能是在家不開心時能隨意取用手機，或者爸媽不想和他衝突時，會以金錢或其他物質獎勵來替代情緒疏導交流。這表示孩子對於「自己消化不好情緒」的能力是弱的，也沒有學習過如何找到正向替代物來轉移不開心，長久下去別說自我控制力薄弱，就連人際關係也會產生不良的影響。

所以讓孩子從小就有自我安撫的能力，是爸媽在家裡必須付出的努力。

最好的方式是，讓孩子從幼年開始，就有一件容易吸引他注意力的事，然後讓他進入心流，這件事包括運動、專精一項擅長的技能，例如彈琴、畫畫，讓自己的心情轉移，暫時卸下不開心的事。而最簡單也最容易的還有建立閱讀習慣。

記得新冠疫情期間，某天可樂果妹妹的同學確診，所以她需要去做聚合酶連鎖反應（PCR）。

「媽媽，我有點害怕。」在醫院排隊時她輕輕說。

「一根棉花棒會伸到你的鼻子，繞兩圈，因為要採集鼻腔裡的東西，不會很久。」媽媽只能盡可能溫柔的照實說。

「那要伸多深？」她有點焦慮，眼神裡有一絲恐懼。

「大概到這裡。」我摸摸她的鼻根。她沉默的點點頭，我則是緊握她的手。之後，我請她坐一下，我暫時離開去填寫她在這家醫院的初診單。

再次回到她身邊時，我發現她打開了一本書，正安靜的讀著。這是她那陣子的最愛，是一對兄妹穿越到古代龐貝城的冒險故事。我心想，她習慣性的閱讀可以減緩她在害怕時的焦慮。比起兩兄妹闖蕩龐貝城末日，相較之下，自己只是來做檢測，應該沒有太可怕吧。

總之，切換到閱讀心流，讓可樂果妹妹安靜下來，未知的害怕也放鬆了。當然後來的檢測很順利，她也勇敢的發現做完鼻腔採集後打了幾個大噴嚏，然後一切就結束了，根本沒什麼。

手機不是排解情緒的唯一選擇

教會孩子找到方法安定自己，是這個時代讓孩子必備的技能，因為手機的取得太容易，但那只會讓孩子更顯煩躁和不能靜心，影音和聲光的刺激對大腦的安撫沒有幫助。如果孩子沒有學會利用其他更健康的事物來排解壓力，最後就只能投降於手機的暫時麻痺效果。

運動和各種技能的學習需要長時間投入，我認為讓閱讀等靜態活動成為孩子的好友，在情緒低落時願意擇一為伴，是最簡單的方法。

舉例來說，旅行途中難免會有空白時間，有可能是預期內的等待，也有可能是意料外的突發事件，情緒的調節與時間的安排就是一次「無聊時找到開心事做」的學習。

包包裡永遠有一本書，是我教育孩子的習慣（姊姊現在進化成電子閱讀器）；閱讀，永遠是片刻時間裡最好的朋友。因為現在的小孩平日都很忙，時間幾乎都填滿了，但當旅行時多了些空白，就有很大機會纏著爸媽或吵著要手機。要阻止這種依賴爸媽和手機的狀況，就得讓孩子「隨時有事做」。

「有事做」可以是爸媽配發任務（看地圖或旅行資料找餐廳之類），或是孩子自己能打發時間，閱讀、畫畫、解數獨、簡單手作都是兩個孩子旅行時會做的事。

其實玩手機遊戲也不是不行，但那只是「眾多選擇」的一種，可以在旅行無聊時穿插出現，卻絕對不是唯一的選擇，孩子需有創造多種選擇的能力和意願。

透過旅行，給孩子練習自得其樂的能力，是最輕鬆沒有壓力的。首先就是爸媽要在平日提供多樣選擇的建議，並讓孩子有機會嘗試，然後發現樂趣（解出數獨真的也滿好玩），如此在旅行的空白時間裡就會願意想到多種選擇，也願意在多樣性中怡然自得，而不是只願、只能、只看見手機這個選項。

因為，只要孩子的世界裡有東西和手機一樣迷人，例如精彩的故事、進入心流時的手作、燒腦但有成就感的解數獨、和爸媽的對話聊天，就不用怕就連在旅途中手機都能綁架孩子。

在旅途中有過成功安頓自己、怡然自得的經驗，回到日常生活時更是可以應用，甚至選擇更多。一旦孩子懂得怎麼自我排解、自我調節，就會幫助他逐漸成為一個成熟個體，能自我察覺，更能自我關照。面對不同的挑戰時，會逐漸長出勇氣，激勵自己迎難而上。

22

誇獎的藝術

我在教育現場觀察過很多老師，那些教學特別有效能、對學生很有辦法的老師們，都是很會誇孩子的。不管這些老師的風格是嚴格或溫暖，怎麼用「誇」來引導孩子做得更好，或怎麼用「誇」讓孩子在完成一件事後對自己有更高度的自我效能感，都值得家長或其他教育者學習。

我們都知道語言是有力量的，大人若能好好說話、有技巧的說話、帶著教育目的的說話，不但能有效振奮孩子，有時候也會傳遞撫慰的力量。但如何表揚和讚美，讓孩子更看重自己、喜愛自己，並以自己的堅忍和努力朝目標前進為榮，這就不容易了。

首先是正確的時機。

要表揚讚美孩子，最好是在孩子的努力告一段落之後，因為他才剛經歷了辛苦的過程，自己也親眼看到值得被嘉許的部分，這樣讚美才會顯得實際。更好的情況是，孩子自己享受努力的過程和看到成果，甚至不需要大人說什麼，就能感到自己是有能力的，更能打從心底自我激勵。

比較不恰當的時機是在孩子還在進行的過程中，就討好式的預先以得到好結果來讚美孩子，因為這時候反而需要適當的支持和陪伴。以「寫功課」為例，孩子在處理作業和進行訂正的狀態裡，父母就是陪伴，或留意孩子是否哪裡有困難需要幫忙，頂多說句「媽媽相信你可以好好完成」這樣的話就行。這時最不需要的就是在孩子耳邊叨唸「你功課這麼多還有耐心應付，真是好棒啊」這樣的話語。

其次，表揚鼓勵不要用物質來代替。

研究指出，使用金錢或物質來獎勵孩子，很容易變成是為了「兌換」：當有金錢等物質當禮物時，我才願意付出我的努力。這會導致孩子本身對目標的渴望下降，變成是為了禮物而做。如此我們又怎麼還能期待孩子為目標本身啟動努力呢？

前面提到，自控力源自於「我自己做決定」、「我想要成就這件事」，那就應該不要影響孩子對目標的專注，更不要用物質獎勵削弱孩子自體的積極性。

有時候爸媽就是想對孩子表達嘉許和肯定，直覺上買一個孩子會喜歡的東西很簡單，然而這種做法就是把激勵變成商品化，很快的就會在孩子腦中產生這樣的理解：「我表現好，有獎品。」「有獎品，我才表現好。」這就失去了鼓勵孩子的初衷了。

所以，若是真的很想表達對孩子的肯定，請收起物質化的回饋，而是用細心的觀察、真心的認同、語言的嘉許，來呈現父母的讚美之意。

第三，要正確使用誇獎語言。

有研究發現，與其誇孩子「聰明」，不如誇孩子「努力」。這道理很簡單，因為孩子的聰明不是他能掌握的，這源自於父母所給予的基因。但努力是自己可以掌握的，如果遇到挫折，孩子需要歸納原因的是「我還不夠努力」，而不是「我不夠聰明」。

因為「我還不夠努力」有解決方法，那就是下次更努力或提早努力；但「我不夠聰明」並不是自我能控制的，這就會對自我激勵產生限制。高度自控力的孩子也會有高度自我作主的程度，努力與否可以自我作主，但聰明才智不是。

這又扣回到前面提過的「成長性思維」，即相信自己可以更好，是成長性思維，這也是建構自控力的基礎。因為知道自己下次可以透過努力或別的方法來改善結果，不受限於是否足夠聰明。

所以，若孩子表現好，請不要讚美他的聰明才智，而是要看見他付出的過程，然後給予具體的讚美，因為這會在無形中加深孩子的印象：「我是個可以藉由付出和努力獲得成功的人。」

不過有個現象例外，就是我們可以具體肯定孩子的「天賦」，讓他從小就深知自己的長處，並滿懷信心。因為天賦是與生俱來的，讓孩子在天賦裡享受努力並獲得成就感，是父母的責任。那麼該怎麼誇呢？比如說，我們可以對孩子說：「你對數字很敏感，爸媽可以多找一些有趣的數學題目讓你玩玩。」「你的表達能力很好、很清楚，爸媽覺得你與人的應對進退很有禮貌。」「你的身體素質真棒，柔軟性真好，是個健康又有活力的孩子。」具體的向孩子展示他的天賦，也讓孩子更了解自己。

第四，讚美要有感情，也要有表情。

父母、師長讚美孩子時，一定要留意「真實感」，也就是不敷衍。簡單的「還不錯，繼續加油」可能是寡言父親的讚美，但對於期待被看見的孩子來說，或許過於草率。所以誇獎時要正視孩子，有點笑容，聲音拉高一點也無所謂，讓言語的力量出來，也讓親子／師生間的溫度出來，這樣孩子才會感受到自己不但被看見，也被真正的認同。這會在心裡注入力量，往後遇到辛苦時，這些能量會成為基石，鼓舞著他前進。

如果父母讚美時來點身體的碰觸，像是拍拍肩膀、摸摸頭、擊掌或擁抱之類，就更能傳達另一層的積極意味。

最後，記得讚美的核心是孩子本身。

讚美的意義就是肯定過去的表現，並期許未來繼續。因此，不要只有讚美「事件」，不要只是表達對某事完成的高興。因為做好這件事的核心是孩子，「你是個什麼樣的人」，對孩子再三複誦是有意義的。比如說，「你的學習態度真好，你是個對學習負責的人。」「你能陪同學去保健室並關心他，你是個溫暖的人。」「你能和每一個小朋友都處得很好，你是個受歡迎的人。」……肯定孩子做了什麼事，並藉機肯定孩子是怎樣的人，如此會加深孩子的自我意識，他將更能朝向健全自己的各部分。

用語言激勵孩子、引導孩子，甚至暗示孩子，都是需要練習的技巧。但誇讚孩子展現能量讓自己更好、喜歡自己也為自己加油，這是可以做到的。大人拿捏好讚美的時間，選擇合適的話語內容，不讓物質介入與破壞，並投入感情與肯定孩子本身，這些是可以嘗試的策略。但除此之外，給孩子高品質的專注陪伴，能優質的激勵相輔相成，強化孩子的內在，逐步建構出強韌的自控力。

23

親子間的情緒課題

個體的自控力對外的彰顯，就是有效率的積極處事，並能與他人取得良好互動；對內，則是能自我安頓身心，有能力還給自己平靜的心緒。這是自我情緒管理，孩子面對情緒的學習一定是來自幼時開始的親子互動，以及看著爸媽如何度過負面情緒或低潮時刻。所以強大父母的特質之一，就是能在情緒方面做孩子的良好示範。

父母也有情緒和弱點

教養之路上，各家有各家的辛苦與挑戰，父母也不是毫無情感和弱點的機器人，怎麼可能始終雲淡風清的面對每一個令人心力交瘁的疲憊時刻？父母都是有了孩子才開始學習當父母，讀書、聽課、向前輩請益經驗，是很多用心的爸媽做過的事；但有些無能為力感還是會伴隨孩子的成長，不時的困擾我們。

父母的內在情緒困擾，不出下面幾個範疇。

一、耗盡耐心，無處補充

這方面尤其容易出現在孩子哭鬧不停或持續不服從的時候，雖然爸媽也想聽從專家建議的「非暴力溝通」，但當耐心耗盡時，也會想和孩子一樣大叫或發洩。

這時最好趕快離開當下的空間，把孩子交棒給另一半，需要給自己建立冷靜的時間與獨處的空間，千萬不要在情緒高張時對孩子過度反應。

二、壓力與焦慮，喘不過氣

孩子的健康、安全、課業，絕對是縈繞父母心頭的三大重點。當孩子再大一點，他的同儕和職業選擇變成主要的煩惱。為人父母沒有真正可以不操心的一天，對孩子的焦慮也會一直存在。

所以父母需要「同伴」。孩子差不多年紀的幾對夫妻間，容易成為有話聊的好朋友，交換心裡的煩惱也能當作焦慮的出口，家庭內有這樣的朋友，對於為了孩子喘不過氣的爸媽而言，是可以舒緩壓力的方式。

三、沮喪時，誰能懂我？

每個家長都想要盡力讓孩子學習有效能、身體健康也喜歡自己。但孩子的成長未必始終是坦途，當孩子的表現在不管是他自己抑或爸媽努力過後仍看不到預期效果時，激勵孩子的人是父母，但誰來激勵用心的父母呢？

基本上應該要了解，「教養」本身就是一條漫長的馬拉松，應該注意的不是遙不可及的終點，而是給自己及孩子設定一點點跳躍即可搆到的小鷹架。別忘了，保留一點慶祝的儀式感，除了紀念孩子的成長，也感謝和伴侶一起的努力。教養內的挑戰永遠都會以不同的方式存在，所以一定要懂得為自己打氣。

四、罪惡感襲來怎麼辦？

哪一個父母沒有吼過孩子？哪一個父母從來不曾拒絕過孩子的陪伴邀請？哪一

個父母沒有對孩子說過重話？他們也會因為自己的行為事後感到懊惱，因為自己好像「不是個好父母」。

我倒是覺得，適度的向孩子表達大人的疲倦和虛弱，接受孩子的愛也很不錯。想要一個人靜一靜而無法陪伴孩子時，就坦誠對孩子說吧！說錯話或發了脾氣後，也向孩子道歉吧，然後彼此聊聊當下的感受。誠懇的與孩子對話，並尋求彼此的理解和原諒，這也是親子間甜蜜的一環。讓孩子知道，父母也在學習成長，但目標是為了當個最適合他的爸媽。

五、力不從心，可以放棄嗎？

很多家庭都是雙薪家庭，生活的重點不是只有教養小孩而已，在待辦清單上要做的事一大堆，很難確保每一件事都能兼顧得很好，我也曾發生忘記接小孩放學的糗事。

這時候，跟另一半在時間上的協調就很重要，兩人要互為彼此，共同度過家庭所需的每一時刻。時間上的重新調整，排出優先順序，最重要的是，適度啟用外援，不要覺得使用資源就不是用心的家長。因為有快樂的媽媽，才會有快樂的家庭；其實爸爸也是如此。疲累到極致時別想著放棄，要想的是找哪些資源（花錢也是一種），幫助自己安撫暫時的力不從心。

父母可以展現的情緒自控力

父母都是大人，人生也歷經幾十年，要接納自己有情緒、什麼情緒以及如何安撫，是比較簡單的。我們如何自我對話、照顧自己回到平穩狀態，其實孩子都看在眼裡。唯有在健康的情緒下，才不會以不適切的方式與孩子互動，包括發怒、痛斥、冷暴力、負面評價或情感勒索等。

孩子的自控力一定是成長於一個安全被愛的環境，如此他才能具備對自我的信心與喜愛，然後有勇氣往世界出發，去探索夢想的未來。所以家裡不應該是冰冷、批判、扼殺或操控的，這取決於父母以怎樣的面貌和孩子相處與對話。

其實，良好的情緒管理更是大人自控力的表現。情緒為流水，但若成了洪水猛獸，那沖毀的不只是親子間的信任，還包括孩子看待自己價值的眼光。

展現在孩子面前的健康情緒可以有以下幾種方式，也會創造彼此間的積極互動：

一、**用心的聆聽**

孩子開始學會講話，以及之後上學在放學後最愛做的，就是分享。父母的用心聆聽、即時有回應，會帶給孩子被愛、被在乎的感受，還會給孩子帶來信心，因為他可以自在的分享感受。

所以不管再怎麼忙，每天請保留一段全神貫注的時光給孩子，他會願意說，表示他一直在存入愛你的存款。如果忙碌疲倦時，請孩子等一下，孩子都是貼心的。

二、**誠實的溝通**

當然不只是聽孩子說，父母也可以跟孩子分享所見所聞，以及聊聊工作上的辛苦。表達感受是可以雙向存在，也讓孩子學習怎麼安慰及鼓舞父母，因為「怎麼愛人」是要在家裡學的，而最好的對象就是親愛的爸媽。

三、**正面的回饋**

有效的讚美、看見孩子的優點並告訴他，將增強孩子的價值感與成就感。未來面對困難時，孩子也會因為曾經受到肯定，而能在心裡產生勇氣，鼓舞自己，面對問題及克服挑戰。

四、承認弱點

父母不是機器人，更不是無敵鐵金剛，做不好的時候對孩子承認錯誤和弱點，並不是丟臉的事，反而證明了大人也會犯錯，但所有人都可以透過反省和學習讓自己進步。

我也會向孩子道歉，尋求她們的同理，並保證下次改善，尤其在我沒有耐心的敷衍她們之後。這時候收穫的往往是她們善意寬容的擁抱，並能理解媽媽也有很忙很累的時候，她們會更體諒媽媽的需求。

五、適當的表達

這一點就是訓練父母的自控力，如何在壓力、忙亂甚至挫折下，還能努力以理性、平和、冷靜的態度與言語面對孩子，表達自己的情緒。如果父母做得到，那這樣的模式就可以作為孩子的榜樣，知道如何在困難的環境裡不慌不忙、有條不紊的按部就班。

這也是我喜歡帶孩子自助旅行的原因之一。在另一個不熟悉的空間裡，要解決的問題會瞬間增加，但不管是大人或孩子，學習的密度會變得很高，如果處理得當，親子濃度就會因為互相支持而提升不少。

親子間的情緒課題是父母的功課，要先安頓好自己、察覺自己並接納當下，才能創造好的互動空間。但即使是低潮時刻，也不要忘了孩子是你的陪伴者之一；感受孩子的暖心愛意，就從誠實但溫和的向孩子展現自己開始。

24 情緒管理，別只靠自控力

嬰幼兒時期的孩子因為不會用言語表達情緒和需求，餓了累了生氣了就是哭鬧。隨著孩子慢慢長大，學習大人所教導的，開始用更合適的方式表達自己的感受，同時也認識各種情緒及各種應對的方式。

學習與情緒共處

我們都期待孩子情緒穩定，但情緒穩定不用能「完成式」的口吻來說，因為那是一個不斷進步和修練的過程。不過看著孩子從娃娃般遇到不開心只會哭和生氣，到知道可以處理與理解、體諒身邊的大人和狀況，還是會有很欣慰的感覺。

例如有一天準備出門上班上學時，可樂果妹妹靜靜的說：「爸爸剛剛是不是沒鎖緊（水壺）？」我們一看，哇，放進書包裡的水壺開了，水都流出來了（其實是流進書包裡）。

我心想，慘了，弄溼課本作業的可樂果妹妹應該會哭吧，她這麼愛漂亮，一定不喜歡東西溼溼爛爛的。但她表現得很平靜，趕快撈出所有簿本，再拿毛巾擦拭書包底部，然後和爸爸一起拿吹風機吹乾。

她就只是處理和收拾，情緒平穩，沒有哭鬧，也沒有抱怨。

出門後搭電梯，我有點擔心的問她：「還好嗎？課本很溼嗎？」她說溼了底部，應該還好，但眼眶微微紅了。

我說：「下次爸爸幫你裝好水壺，放進書包前還是要檢查一下有沒有鎖緊。」她乖巧的點點頭。我接著說：「不過你很棒，你剛剛就是處理，沒有哭哭也沒有生氣，媽媽覺得這樣很好。」

「你有嚇一跳吧？媽媽抱一個。」上車前，我給了她一個大大的擁抱。直到她眼眶不紅了，我們才上車。

情緒並不是要靠自控力來阻斷它或漠視它，它是存在且流動的。以可樂果妹的故事來說，孩子雖然先積極處理了眼前的狀況，但還是需要自己和其他人接納這個嚇一跳及委屈的感受。

情緒沒有好壞，它就是一種能量，我們得告訴孩子，有情緒很正常，但要學習怎麼和情緒共處，以及怎麼管控情緒之下的作為和言行，不要傷害自己與他人。

看似用「自控力」在約束情緒和行為，其實要靠一些學習和很多方法來幫助，而不是單靠意志力去壓抑，因為當自控力擋不住時，情緒一旦宣洩，就會延伸出其他更嚴重的問題。

先識別情緒，進而表達與學習接納

帶孩子認識情緒，愈多樣貌愈好，比如說從基礎的快樂、生氣、失望等，到比較細緻的放鬆、滿足、驚恐等，跟孩子聊一聊這些情緒是什麼樣的感受，以及什麼情境會帶出這樣的情緒等。因為只有先識別情緒，接著才能表達，進而學習接納。

鼓勵孩子察看自己及寫日記，除了記錄生活，也可以寫下讓自己開心或不開心的事。寫下對自己的觀察，有助於接受情緒的出現、經過與離開，以及當它停留時如何和這種情緒共處。

教會孩子發現自己緊張或憤怒時，使用「深呼吸」來讓自己放鬆。讓深呼吸幫助掌管理性的前額葉活躍起來，控制杏仁核的爆衝。

建立健康的生活習慣，包括充足的睡眠，睡眠不足會削弱情緒調節能力。當然也要有營養的飲食，控制糖分的攝取，以避免血糖波動，維持穩定的情緒，同時特別留意飲料和甜點中的精緻糖。

鼓勵建立成長性思維，困難和挑戰都可以隨著學習而克服，自我對待的語言要正向，要能肯定和激勵自己。

補充足夠的「玩耍」時間。父母不要把孩子所有的時間都塞滿在學習，因為在玩耍的過程中，能降低壓力和釋放負面情緒，讓人感到放鬆。玩耍中與朋友一起的笑聲也能舒緩焦慮，而一起玩的社會支持，也有助於穩定情緒。

面對情緒的攪動，尤其是負面情緒，若有陪伴者一起度過，那會好受一點。在孩子的成長初期，陪伴與指導如何應對情緒的角色基本上由爸媽擔任，所以爸媽怎麼處理情緒，對孩子來說是直接的學習。包括不被情緒（含疲勞、壓力等）淹沒的大人是怎麼安頓自己？在低潮挫敗的時刻，又如何疼惜自己、照顧自己？孩子需要從親近的大人身上學習這些，然後一點一點成為意識。

因為青少年受限於大腦前額葉尚未發展成熟，所以協助度過情緒風暴的往往不是理性思考下的自控力，而是從小到大練就的習慣（如觀察自己、深呼吸等），以及有溫暖善意的支持網絡，可以作為暫時的安頓場所。這些都要由爸媽陪伴孩子一起建構，進而成為自控力的一環；當下次情緒來襲時，孩子更能穩住自己，並從中有所獲得。

25

敗在強項，與挑戰未知

耐挫力，是培養自控力時的重要一環，因為孩子的成長不會一帆風順，適當的風雨才能讓樹木高聳參天。而我認為，讓孩子在「覺得自己很厲害」的地方跌跤，更會為他帶來印象深刻的學習和啟示，也更能看見世界之大並懂得謙卑。

為什麼會敗在強項？

大女兒水果姊在五年級的某次月考之後，回家後用可愛但哀嚎的口氣頻頻嚷著：「真不敢相信，我竟然敗在國語！」我在一旁聽了心裡直偷笑，很好，她的學習經驗、人生經驗又多了一點點。

她的國語科表現始終相對穩定，除了感謝老師的指導之外，從小累積的大量閱讀也奠定了不錯的語感，使孩子一直對國語科的學習充滿信心，也自認為「國語是我的強項」！

但那一次為什麼會敗在強項呢？因為她在考前的時間分配上，把大量時間讓給了社會和自然的複習，滿心想在這兩科上扳回一城。

我曾提醒她：「我看你準備國語的時間好像比較少？」但她沒有太放在心上，我就沒有多加嘮叨，畢竟孩子大了有自己的主張和規畫。

我期待孩子為自己做決定，包括時間的安排、分量的輕重，甚至是由她決定主攻的科目。這都是她的判斷，她需要為此練習負責。

結果，發下國語考卷那天，回家後她黯然失色的低聲說：「媽媽，我們進房間談好不好？」我心想，還要特地進房間才能談，就讓該來的來吧！

進到房間之後，水果姊把考卷遞給我，懊惱的說：「媽媽，我（分數）創新低了。」

我快速瀏覽考卷，略略吃驚的問她：「你寫錯課文選擇題？」

她點點頭。我有點不可置信的看看她說：「媽媽現在對你的課文不熟，你先拿課本過來，我們研究看看。」

她去拿了課本過來，我翻了翻後跟她逐題討論為什麼答案得是這個，而不是她以為的那個。這張試卷的失分有四分之三都在課文理解，確實是過去不曾發生過的狀況。

看過一輪考卷和課本，我告訴她：「這次看起來就是你缺乏練習，以及你的語感下滑。你看大量的小說，但這與課本文章或考試短文的選擇題所需要的語感不太一樣，我們需要加深對課本文章的精讀和熟悉。你不能把所有時間都放在小說上，也不能認為讀小說就能鞏固你的國語科。」

那段時間沉迷在《紅樓夢》裡的她沉默的點點頭。

擁抱失敗的意外感

慶幸有這個機會，讓她經歷一場小小的震撼教育，很多東西因為自以為懂，或是過去經驗太好而缺乏練習，就會出現狀況。

那次月考的其他科目表現還算差強人意，但跌跤在國語科這個自以為超強、過去也掌握得很好的科目，她就直在床上打滾，說：「啊！我為什麼敗在國語啊？」

媽媽在旁邊看了直偷笑，因為這個經驗真的很不錯，讓孩子產生警覺，過去答題的好手感如果不勉力維持，好表現可是會隨時離去。所以，應該對任何科目都保持敬意，而不是輕忽以待。

在成長過程中，早期就能經歷「失敗」，這是值得可喜的事，因為這會讓人比較容易調適和改善自己。挫折的經驗很可貴，尤其在自以為強項的事上跌一跤，因為會錯愕、惋惜，進而為生命帶來修正的養分。

看著她在床上滾來滾去不甘心的樣子，真心覺得這機會來得正是時候，讓孩子有一次很好的成長。更重要的是，孩子也總結出心得，知道自己下一次可以如何強化或調整，包括心態的擺正，也包括時間、體力、比重的分配，這同步呼應了成長性思維，是學習的真正意義。

所以，失敗有什麼關係呢？就是要靠著失敗的意外感，才會靜下心思考可以怎麼做。這些種種，都能為孩子加深印象。

重點在於體驗的整個過程

父母的角色就是當孩子敗在強項時，引導他怎麼思考和度過；而當孩子在生活中面對的是不曾經歷過的「未知領域」時，父母更是要有技巧和搭鷹架，從示範到鼓勵，讓孩子勇於突破，橫跨挑戰。這當中父母要做的心理建設是，不要捨不得孩子辛苦，也別怕孩子沒做好。

某一個好天氣的午後，剛好也是大考過後，是刷洗自己書包的好時間點。我事先「預約」了可樂果妹的時間，由一年級的她來刷洗自己的書包。而我做的只有三件事：

- 事先約好，以及跟她說媽媽會教，不用擔心很難（提早預期）。
- 當天示範給她看，可以怎麼站、手勢怎麼刷、力氣怎麼拿捏，髒汙才會刷掉（榜樣學習）。
- 事後誇張式的告訴爸爸和姊姊，妹妹今天第一次刷洗書包，過程中的學習和態度都很棒，請爸爸、姊姊抱抱和親親（鼓勵表揚）。

讓孩子對事情產生「我有責任」的意識感，以及態度良好的「學習去做」，必須要在日常生活中累積。走完整個過程，比考了滿分或刷洗出一個亮麗的書包都來得重要。

在姊姊的例子裡，因為自己大意而在意想不到的地方挫敗，進而有機會去思考；而在妹妹的例子裡，透過動手做的過程中，感受到自己的認真換來一個乾淨的書包，這是很好的體驗，也給了眼睛可見的改變，更是「我可以做得到」的信心獎賞。

父母不會跟在孩子身後太久，我們只有在機會來的時候，不管那機會看起來是打擊孩子的，還是給孩子帶來挑戰，都要轉成正向積極的引導，這也間接加強了孩子的自控力：這一次的經驗是什麼，下一次可以控制自己做哪些決定和努力。

比起去擔憂孩子不確定的未來，這更是我們此刻必須陪伴孩子做的，用愛、話語和方法，訓練孩子走在日漸獨當一面的路途上。

26

強化耐挫力，讓自控更上層樓

觀察幼兒間彼此玩遊戲，常常會有可愛的發現。有些幼兒好相處，輸了也沒什麼關係，能一起玩比較重要，對輸贏不太在意。但有些小孩把輸贏看得可重了，都得是他贏、他一百分、他是冠軍，要不然總少不了一頓哭鬧。如果是手足之間的遊戲，大人再以一句「你是哥哥／姊姊，讓弟弟／妹妹一下」，那可就糟了，因為這個孩子少了一次因為挫折而獲得經驗的機會。

我們觀察過很多優秀的孩子，大體來說智力都差不多，但差異在於看待挫折的態度，以及挫折之後自我調適、突破及改善的能力。成功的關鍵不在於多聰慧或者反應多快，而在於能從挫折中學習到什麼。

孩子小的時候，我會送去上圍棋課。這並不是為了練就定力，因為定力從家裡閱讀就可以培養。與人征戰的圍棋，我期待孩子練習的是沉穩和思慮，以及更可貴、更難獲得的「失敗的機會」。輸贏都要「覆盤」，檢視哪一手之後，走向贏面或敗局。但輸棋了，能省思的地方更多，包括氣度、胸襟，欣賞他人的長處也是從失敗後的謙卑來的。這哪是天生就會？這是後天鍛鍊而來的。

孩子具備耐挫力，做決定更有自信

耐挫力，又稱為「逆境商數」（Adversity Quotient, AQ），指的是一個人在面對逆境壓力時，能不能勇敢、積極面對。一個具備耐挫力的孩子，個性上會更為堅毅，比較能自我調節壓力，對自己的決定也更有信心。這和前面提到的「成長性思維」相互呼應。

樂觀的孩子比較有能力面對挫折，因為他相信還有機會改善，也知道透過努力，事情會慢慢好轉，一時的受挫失敗實在不算什麼。

而耐挫力的能耐，往往也和情緒管理有連結。如果孩子知道如何自處情緒、降低緊張和焦慮，知道情緒只是一種流動的能量，它會出現也會離開，不代表我們這個人，這樣的孩子比較能從低潮的挫折處境中走出來。

另外，有具備目標感和執行力的孩子，他的耐挫力也會有相關性的提升。因為若擁有找出新的目標並制訂計畫去實踐的能量，自然能看淡眼前的小困境，覺得透過調整和改變，情況自然會有所不同，也就不需要在挫折中自怨自艾，認為自己一無是處。

強大心理素質是勇往直前的利器

我們都期待孩子心理素質強大，能轉化遇到挑戰帶來的挫敗感，也能安撫調節自己，但這需要後天培養，更需要父母給予安全感和有效策略。

在被理解和包容的家庭裡長大的孩子，孩子心裡有滿滿的愛與信任，在這樣的安全感中，會讓孩子更有勇氣面對困難，知道失敗是一時的，有足夠能量再來過。同時，父母不要太過於放大孩子的失敗，然後喋喋不休的數落，包括學習考試和人際關係；反而要隨時導入成長性思維，教孩子用積極的眼光看待自己的優點和努力。信任自己及對自己有所期許能夠培養孩子的耐挫力，因為他知道他可以。

情緒管理和以身作則，更是父母示範怎麼面對挫折的重點。孩子會看著爸媽怎麼做，然後模仿這樣的方法。我們也可以多和孩子聊聊，例如自己碰到挫折時是怎麼面對、消化和轉化？藉由讓孩子看看大人的處理方式，展現解決問題的思維和如何簡化拆解。經驗可以轉移，好的實務經驗若能傳承給孩子，就更能強化孩子消弭挫折的能力。

耐挫力和自控力是一體兩面，但建立基礎都是在一個溫暖可對話、有鷹架、有方法的家庭環境，裡面還有指導、建議和榜樣。如果孩子有喜歡的運動明星和成功的偶像，他們如何面對失敗和奮起的過程，也是很好的學習養分。

孩子的世界變動很快，各種挑戰會隨著成長階段變得複雜或棘手。心態的穩固和信念才是關鍵。而根本就在於「相信自己」，這樣的認知需要從小就烙印在心裡，強大的心理素質才是孩子勇往直前的利器。

PART 4

打敗無法自控的大魔王

27 不寫功課與拖延症

很多小學生家長問過一個問題，就是孩子放學後回到家，為什麼不趕快把「該做」的功課完成，總是要拖拉一下，才慢慢吞吞的拿出功課？或者就算開始寫，也是一下玩筆、一下玩橡皮擦，很難專注的一口氣完成作業？結果到了要睡覺都還沒完成功課。

其實「放學回家想放鬆一下」，這是很正常的現象。因為對孩子來說，已經上了一整天的課，還有打掃環境等群體活動，自控力資源這時候已經消耗得差不多，放鬆一下、吃點點心、玩一下，這不算什麼太違規的事。

我們要留意的是，孩子在稍事休息之後（例如半小時或五十分鐘），能不能有意識的主動面對自己的責任，然後拿出功課開始進行？如果孩子一直不肯「執行他的任務」，毫無節制的延宕下去，那才是父母要關心的。

尊重孩子寫作業的排程

關於「主動寫功課」，在與孩子討論時間規畫時就要反覆提醒，這是一件「必須做」的事，他應該要給予合理的時間去處理。但當孩子提出他想先做其他事情時，例如練琴、背單字或洗澡，甚至先休息吃點心，家長都要予以尊重，至少讓孩子試試看，不要急著否定，讓他操作一下自己理想中的時間安排，之後再找機會討論這樣的安排是否妥當。

有些著急的父母可能會因為預設孩子前面做了別的事，功課只會拖到更晚，而想要阻止孩子。這時候建議先忍住，就一兩次功課拖拉到很晚才完成，剛好可以讓孩子反思他的順序安排得好不好。所以在制訂排程方面，家長除了引導孩子，更重要的是尊重孩子的決定。

但如果孩子優先安排寫作業，並且快速完成，記得表揚要及時，肯定孩子是個嚴守時間且充分自律的人，可以這麼說：「你能在規畫的時間表內完成作業，媽媽

覺得你是個可以執行計畫的人。」

為了讓孩子「看到」自己完成什麼或「感受」自己的進步很重要，有的老師會在聯絡簿上的功課畫框框或括弧，讓孩子完成後打勾，先行自我檢核一番。但在家裡，如果還有為每晚制訂計畫的時間表格，當然可以在完成某一項之後，給自己畫個笑臉或小花；當累積幾個笑臉或小花之後，就可以獲得和媽媽去書局約會一次之類的機會。讓孩子看到自己的進步，也能因「準時完成計畫的事」而獲得適當的獎勵。

理解孩子逃避寫作業的原因

有時候孩子不積極的寫功課，未必是因為想偷懶，或許是內容有點難，或者想要有陪伴。基本上作業都是對應當天老師的教學，如果孩子對於這部分的知識或甚至稍早的學習內容沒能掌握，他其實是知道自己「不太會」，所以才會想逃避。這時爸媽可以建議孩子「先處理會寫的」，通常屬於抄寫類。至於理解類的如數學、自然等，則可陪孩子複習，清除他對功課的畏懼。

年紀較小的孩子在尚未養成獨立寫功課之前，可能會想要旁邊有人陪伴。爸媽可以先陪一段時間，然後採取循序漸進的「後退」。不要一開始就完全不理會，只給孩子一句冷漠的話：「都多大了，功課自己寫，媽媽很忙！」在陪伴的過程裡，家長可以帶一本書或電腦，到孩子旁邊做自己的事，千萬不要直盯著孩子寫作業，也不要在孩子一求救就趕快幫忙，最後再一併檢視即可，這樣也比較能保持孩子的專注。

然後家長可以慢慢的、有技巧的縮短陪在旁邊的時間，比如藉機上廁所或假裝接電話，稍微離開一下。孩子要的是安心感，讓他知道爸媽就在這個空間的不遠處，可以先寫會的內容，不太會的等一下還是可以找到爸媽，而不是黏在爸媽身邊才能寫作業。

還要提醒的是，須考慮孩子專注力的極限，功課不需要「一鼓作氣」寫完。這裡可以結合番茄鐘的應用，寫二十五分鐘左右就起身喝口水、伸伸懶腰。也可以建議孩子「科目穿插寫」，例如在大量抄寫後轉換成數學等需要思考的科目。但最終還是以孩子的意見為主，讓他做自己學習的主人，事後再請他分享對於這樣安排規畫課業的想法。

當然，可以找幾件喜歡的事在寫功課之後進行，比如說玩樂高、閱讀期盼好久的故事書、晚餐吃媽媽特製料理等，讓孩子寫功課時的心情是期盼和愉悅的，這樣也會更有動力。

如果孩子從小在寫功課這件事上不逃避、不拖拉，基本上就不是一個太有拖延症的孩子。但遇到難事無從下手或想先逃避一下是人之常情，我也曾因為「拖稿」被兩個女兒糾正：「媽媽，你怎麼還沒去寫稿？」我只好苦笑，收拾起發懶的心情，趕快去做該做的事。

拖延症往往來自情緒

其實，拖延常常不是時間管理的問題，而是情緒層面的問題，與其討論拖延症，不如談談如何降低焦慮。

降低焦慮最有效方法之一，就是「開始做就對了」。從最簡單的部分開始也可以，行動本身就能轉化想逃避的心情，因為一旦啟動，各個層面也會跟著帶動。如果真的疲乏到不想開始，那就不要賴在沙發上，不妨站起來運動一下，到戶外走一走，搞不好心情開了，意願也就來了。

降低焦慮的另一個方法是「拆解」。繁雜的任務總是讓人望之卻步，把事情拆解成多個簡單部分，先從喜歡的或簡單的開始。比如說，國中生的考試很多，究竟要從哪一科開始準備？你可以告訴孩子，先評估自我狀態，若覺得還不錯，可從困難的下手，於是事情會從難到易發展；但若狀態不好，從喜歡的或表現好的科目下手，讓自己先調整好心情和意願，慢慢加溫之後再進行比較困難的部分。

另外，告訴孩子可「善用工具」。先把大腦裡焦慮的待辦事項寫在筆記本上，然後倒空大腦，不要在內心指責自己，一切只是需要時間和方法來處理。然後起身自我喊話：「做就是了！」

面對小事的拖延（比如洗碗盤、摺棉被總是喊著「我等一下再做」）到大事的拖延（比如擬定的計畫不願意執行，面對月考也提不起精神去準備），處理的方式也不太一樣。

在小事上，若孩子懶散，就給他訂立一個時間完成（比如晚間八點半前洗好碗盤），然後就不要一直催促，這時讓孩子決定要不要去做的，是家裡長久以來的分工習慣。如果家裡每個人都有該負責的家務，孩子自然知道這是他的責任。

大事的拖延指的很可能是沒有明確、清晰、合理的計畫，不知道怎麼開始。這時候孩子需要的幫忙是跟他談談需求，以及他期待有什麼樣的結果，還有過程中想要有哪些支持和支援。青春期孩子雖然個子長大了，心智卻尚未成熟到可以有效率的規畫大計畫，但只要爸媽相信他做得到並給予幫助，就會成為他跨過拖延的重要關鍵。

「自己寫功課」、「自己做好該做的事」、「自己懂得怎麼複習功課」，都屬於自控力的表現，取決於自我意願。但前進的過程單靠意志力不容易走到終點，孩子需要方法和啦啦隊，這才能讓一個孩子的自控力除了個人意志之外，還有些能帶來效果的東西。

28

面對拖延的自我談判術

自控力可以將一個人帶往成功，但它應該不只侷限在積極、效率、策略、自我要求這些維度上，有時候呵護自控力需要溫柔的和自己說話，不要苛責自己，不要因為沒有善用每一分鐘就怪自己是個會拖延的懶鬼；或者因為身體病了或累了，而譴責自己為什麼之前寫功課、準備考試可以行雲流水，今天卻頻頻卡頓而拖延。

建立自控力不是拿來責備或挑剔自己，而是要允許自己有休息的空間與時間。我們也要告訴孩子，只有他對自己的言語可以陪他一輩子，所以要替自己加油，不要因為腦袋裡有一個「理想的我」，然後批判「現實的我」永遠落後。前面提過，自控力和肌肉一樣，是可貴的心理／身體資源，它不會永遠處於顛峰或高效，並非稍微緩和就是自控力渙散的拖延表現。

拖延就是自己內在的戰爭

美國心理學教授沃爾特・米歇爾提出人的大腦有冷熱兩大系統，這一冷一熱的系統管理人類的短期反應和思考長期利益。「冷系統」是理性的前額葉，負責綜合所有訊息，做出精確判斷，它是謹慎且可自我控制的。「熱系統」則是杏仁核，也就是掌管情緒的地方，它對外界訊息往往不加思考，直接反應。這兩大機制都對人類生存極其重要，但前額葉要到二十幾歲才會發展成熟，所以在這之前，情緒反應常替代了思考。

如果杏仁核受到外界誘惑的吸引，不管是頻頻招手的娛樂電玩等，還是出於對事物的焦慮，人們得花更大的意志力去抵擋。但偏偏很多時候不是個人是否上進努力，而是大腦在冷熱系統上就有先天的區別。所以要告訴孩子，不要用譴責、情緒的口氣面對自己，不要再持續激化處理情緒的杏仁核，不要再引進更多自我壓力。相反的要讓前額葉活絡，要多思考目標，多想想解決任務後的成就感，多回憶為什麼自己要如此設定計畫，多提醒自己當時做決定的初衷。

因為一件事是否會讓人想拖延，有時不是這件事要花的時間和困難度，而是個人如何看待這件事：這是我想要的嗎？它對我有意義嗎？我們對這件事有掌控感嗎？我會因為做了它而有更高的自我效能感嗎？如果失敗了，我願意重新再來過嗎？

尤其當面對更大的目標時，這件事是拖延或積極面對，取決於它對我們具有的意義。這又回到了前面說的，要讓孩子自己做決定（包括訓練孩子自己會思考，以及父母要試著放手）、讓孩子自己有內在驅力，以及找到快樂支撐自己前往目標時所需的自控力。讓這件事有意義，從根本上認同這件事，拖延症的問題就可以改善一大半。

所以拖延症這事，從來就是自己內在的戰爭。既不能對自己說太嚴苛的話來降低自我效能，也不能讓自己太放鬆然後忘了目標。既然如此，不如好好的跟自己對話，與自己來一場談判，軟硬兼施外加給點甜頭，這也是自控力的展現。

向自己喊話，而不是苛責

拖延最明顯的特徵，就是很難從放鬆的、娛樂的、拋卻壓力的，切換到緊繃的、工作的、瞄準目標的狀態。然而一旦跨過那種最困難的轉換期，後續的挑戰就沒這麼大，就像一輛車需要足夠的動力才能發動，但發動之後就變得輕鬆多了，因為各軸承、齒輪、機具相互支應，就能順順的運轉。

但人不比車子，在啟動工作的狀態下還是會分心、專注力下降、懶散。這時候卻又可能高估自己的意志力，覺得只是滑個影片、打兩場手遊而已。不過我們都知道，哪有這麼簡單？更可能因此一路玩下去，因為要再重回積極狀態，需要燃燒更多自控力。

所以，針對我們的身體和意志這輛車一旦啟動了，想發懶時不妨和自己交涉一番。勸勸自己達到一個小目標，完成一段小進度……休息的事「再等一下下」。跟自己喊話，訓練自己抵抗誘惑的能力，告訴自己不是禁止休息和調劑，只是往後延一點點。當然，讚美自己是一定要的；告訴孩子，讚美自己、具體看出自己哪裡很棒，比得到來自任何人的讚美都更重要，因為自己才是最好的啦啦隊。我們要像一個談判專家好好的和自己說話，包括怎麼提供資源、設定獎賞，目的就是讓我們這輛車繼續往前走。就算有些分心狀況，也會快速回到軌道上。

自我談判需要練習，但不要苛責自己，更不需要因為懶散過而內疚。我們要讓前額葉的理性思考發揮作用，想著為什麼昨天或上次拖延了、這次該用什麼方式趕上進度。當然，父母更要以愛及寬容加上堅定來看待孩子的拖延，不要羞辱或嘲諷。我們要做的是，強化孩子可以面對目標重新來過的力量，給予溫暖和包容，相信孩子可以做得好、做得到，這才是型塑自控力需要的動力。

29

管好嘴巴也需要自控力

這可不是什麼減肥標語，為了體重腰圍管好嘴巴不亂吃，而是好好說話，教導孩子做個語言上能讓人如沐春風的人。說話得體是藝術，控制脾氣說話除了考驗孩子的心智，更看得出是否具有自我約束的自控力。

從小建立得體說話的觀念

在班級裡，老師常要處理的小朋友糾紛之一，就是互不禮讓的口角。現代人小孩生得少，很多孩子是在備受呵護的環境下長大，自我意識高的小孩比例不少。這樣特質的孩子來到團體生活也常「以我為主」，使用的語言往往不顧及他人的感受，或刻意強調自己的特別及貶抑對方。

曾聽過這樣的例子，過年期間孩子們領了紅包都很開心，於是在班群裡聊了起來，同學們紛紛討論自己收了多少壓歲錢。本以為只是閒聊，有意願參與這話題的小孩就說自己領到的數字，直到一位女同學以一句「不好意思，我五萬九千」，引發另一位男同學的譏諷：「誰燒這麼多紙錢給你？」結果兩人吵了起來，別的同學接續加入戰局，整個班群吵成一團。

首先，這話題本來就不適合討論，因為壓歲錢多寡都是長輩祝福的心意，不代表幸福與否，不該拿來比較。其次，隱藏在看似不經意的聊天中，兩位同學要不就是展現出高人一等的優越感，要不就是覺得對方氣焰太高，必須打擊一下而口出羞辱字眼，更是雙雙都不恰當，這些都是低情商的表現。

在一次演講中，青春期少年的家長們告訴我，他們最為自家小孩擔憂的事，前兩名分別是玩太久手機、無法好好說話。不但無法正常得體的對話，連一點點事情都可以暴怒，接著不耐煩、不禮貌的語言立刻出現。

青少年能否越過情緒的支配好好說話，端看個人教養和自控力的表現。

但比起說話內容和方式，更重要的根本是孩子內在有什麼樣的人我應對和價值判斷，他的意念於是導致了他說什麼與不說什麼。雖然青少年還有大腦前額葉未發展完全的狀況，往往情緒凌駕理智，但從小對「得體說話」的觀念若有建立、模仿，甚至內化，那在狂風暴雨的青春期至少講話不會令人太崩潰。

好的人際關係來自溝通力

「管好嘴巴」，孩子本身的自控力已是最後一道防線；更積極的作為是，爸媽早早就放棄「小孩子啦沒關係，長大就會把話講好」的幻想。

一個從小沒有被教育「怎麼說話」、「如何把話說清楚」、「該如何友善表達意思」的小孩，到了青春期階段，血氣方剛，一時不順就會用更原始、更無禮的語言模式去對衝眼前的事件，甚至視為挑釁，產生攻擊的語言。

不管是內向還是外向的青少年，都渴望同儕的肯定與支持。但並不是朋友愈多就會愈快樂，有高品質的人際關係，才能讓青少年感到安全及舒服。這當中怎麼把話說好、讓人家不排斥對話，溝通力成了應該學習的事。

但就和訓練自控力一樣，溝通力也是可以透過學習和刻意練習而得。若能加上長期的實作，當合適的溝通成了個人自動化的行為表現，就可以擁有更好的人際關係。而這些讓自己變更好的歷程，包括設定目標、激勵自己等，都需要自控力的支持，以面對青少年溝通時最常見的兩個挑戰。

青少年溝通的兩大挑戰

第一個挑戰就是要破除「只要我喜歡，有什麼不可以？」的迷思。

青少年的大腦已經成熟到具備主觀意識，會替自己爭取權益，但還欠缺理解社會規畫與尊重他人，那就會誤以為「白目」是「誠實做自己」。比如說，不懂得觀察環境、同理他人，想說什麼都沒經過大腦思考就迸出來，傷人不利己。

「就算我喜歡，還是有很多不可以！」是我們需要讓家裡的青少年了解到的實際情況，因為這世界不是繞著我們轉的，只想到自己感受、情緒、想法的人，必然不受歡迎。人若想優先表現自己，所表達出來的溝通或對話方式都會忽略旁人，引起眾人不快。好的溝通應該是要有一顆體貼的心，也要有足夠的觀察力去判斷當下氛圍的適切性，再來決定要不要說、說什麼以及怎麼說。

第二個挑戰恰好與第一個相反，過度在意他人眼光的青少年會怕說出被討厭的話，因而不敢勇敢的表達意見。或者在同儕面前為了得到友誼，完全以他人的意見為主，唯唯諾諾的就先自我否定內在的想法。

遇到這樣內向怯懦的孩子，我們反而需要鼓勵他們先肯定自己，對自己說些正向的內在語言（例如「我可以勇敢的表達我的意見」、「我的溝通已經有進步了」、「我的情緒很穩定，就算被拒絕了也沒關係的」），想想自己的優點，告訴自己能合適的互相表達想法才是真正的朋友等等。因為喜歡並相信自己，才是有意義溝通的第一步。

溝通，是終其一生要學習的功課。但在青少年時期，至少可以口吐芬芳，不是一張嘴就讓人退避三舍。把嘴巴管好的能力，需要從小在家庭裡培養，父母更是溝通力養成的第一個老師。孩子會模仿父母的語言，長大後慢慢加上自己對情境的判斷，就成了他與他人、世界互動的主要方式之一。如果誤用了語言工具，連大腦也管不住暴衝式的脫口而出，那其他因自控力而來的優異表現也是會被打上問號。

30

影響自控力的超級魔王

談到建構與持續自控力的最大挑戰，在現在這個世代就屬手機了。每次對青少年父母進行數位素養的講座中，「我的孩子一直放不下手機」是一定會出現的問題。「跟他說話沒反應，叫他吃飯也沒反應，但要收回手機或家裡斷網就會大吵」，成了許多家長的痛。小時候那個黏著爸媽的可愛孩子，從什麼時候開始只願意把眼睛、耳朵、心思甚至呼吸，都鎖進一小塊螢幕當中呢？

手機的奴隸

新冠肺炎帶來的大停課更加劇了載具的使用。那時候為了線上學習，電腦及各式載具提早出現在孩子的生活中，而且還不能沒有。在那之後，學校的教學、課程和派發作業方式也都有了一些調整，以至於孩子使用3C顯得更加理所當然。每每家長問孩子到底在用手機（平板）做什麼，「找資料和做功課」成了孩子最好用的護身符。但實際如何或怎麼查證，父母常常是沒輒的。

拿了手機的孩子彷彿就是手機的奴隸，廢寢忘食，也無心與外界有連結和互動，已然是成癮狀態。當孩子手機過度使用到一種不能停止的現象，對手機裡所提供的一切，包括娛樂、關係連結和歸屬感，產生強烈與持續的需求，這已經不只是父母擔心的「浪費時間」、「影響視力」等問題。嚴重一點的成癮甚至是種心理疾病，深層原因可能是想尋求被看見、被在意，也可能是逃避現實生活中的壓力，包括來自父母的不陪伴或課業與人際關係的挫折。

在學校端，數位學習的推動是趨勢，也不可避免。但面對學生帶手機到校，許多學校都有制訂管理辦法，比如上課期間關機、放學有聯繫需要才能打開、國中之後到學校會收手機等等之類，這些都是用「隔絕使用」的方式來減少學生對手機的接觸。

但課後的時間這麼多，永遠禁止不完的。所以，了解孩子手機成癮的原因以及需要的心理支持為何，才能從根本上解決問題。

為什麼會手機成癮？

為什麼手機對孩子的吸引力這麼大？首先是「手機很好玩」，其次是「大人沒空」。

回溯到許多孩子第一次接觸手機，其實都是大人給的。回想一下去餐廳吃飯，是不是有很多幼兒一邊進食一邊看影片？或者爸媽在與朋友閒聊時，為了不讓孩子干擾，直接給予手機看影片和玩遊戲。其實在他們很小的時候，爸媽就示範了「無聊的時候找手機」這個錯誤做法，這間接暗示孩子「手機是陪伴你的好朋友」。手機裡的幼兒遊戲很豐富，繽紛的色彩、簡單的機制、容易取得的獎勵、逐漸加深令人想挑戰的關卡等，讓幼兒從小就受到吸引。玩手機是「一個人無聊時也可以做的事」，門檻這麼低，每個小朋友都做得到。

再來，孩子漸漸長大，該是陪讀陪玩或陪著解決學習困難的時間點，爸媽卻忙碌或沒空，甚至根本不在家也不在身邊，孤單的孩子只好從手機世界打發時間，或者找點樂趣、找人陪伴。如果成長過程中眼前沒有說得上話的人，線下世界也沒什麼嗜好，萬一又功課不好常被老師數落，學校生活沒有成就感，種種的挫敗及孤獨會讓現實生活索然無趣，還不如手機世界裡有朋友、有社群給予的溫暖支持。

此外，社群媒體的興起包括IG、抖音、小紅書等，在這些平臺上發表，展示自己的生活片段及意見，可以很快獲得迴響，即時性互動高；獲得按讚數或點紅心，也讓人很有參與感，強化了社交參與性，是一種虛擬的肯定。再加上社群網路匿名性的特點，讓人可以更輕鬆（以及看似不用負責）穿梭其中，讓孩子以為掌控一切，實則是被平臺的機制所掌控而不自知。

但這當然與大腦發展有關。大腦裡負責自我控制和理性思考的前額葉還沒發展完全，處理衝動和獎勵管理的區域就會介入，青少年在社群平臺上獲得快樂的同時，大腦會釋放多巴胺，是一種讓人感覺愉快和備受肯定的物質，這會使人下一次繼續使用手機（以獲得快樂）。除非這位青少年一直以來處在一個安全與自我效能感高的環境，否則單靠父母師長的規定、期待、要求來限制手機的使用，是很難成功的。

更不用說各種App或手遊的開發商，是如何處心積慮想要搶奪用戶的眼球和專注力，除了炫麗的聲光效果、精彩的故事篇章、華麗的角色成長機制，結合心理技巧來讓使用者更黏著、更捨不得離開，這都是經過精心縝密的設計。我們的青少年都是單槍匹馬，又怎麼能逃過這大型的誘惑？除此之外還有同儕的呼喚，這麼多社交活動都是在線上進行，短缺這部分的參與可能會遭到排斥，這是青少年不願承擔的。所以，為了滿足心理需求，以及應付人際關係，自然會不自覺的查看手機，花費大量時間在使用手機。

誠實面對孩子沉迷手機的關鍵

以上這些手機的吸引力，全都是站在自控力的對立面。若再加上父母本身也是手機不離身，無法同理青少年的需求和處境，家裡也缺乏對於手機使用的共同討論，爸媽就只會從「功課退步」、「回家關進房間不講話」、「互動沒有反應」來責備，那當然很難進一步交流，孩子更難從線上世界回神，因為「你（父母）不懂我」，或「你還不是這樣用手機」。

關於沉迷手機帶來的缺點，除了影響學習和健康、使睡眠減少之外，比較值得關注的是孩子與世界的連結性。現代的課程與學習都以「跨領域」來設計，這是世界趨勢，孩子更不可能獨立於群體連結之外。孩子使用手機，看似有滿滿豐富的線上互動，但在實際的人我互動往往社交技能退化。而線上情誼是否禁得起考驗或不堪檢視，這才是手機成癮的隱憂。

最嚴重的還有價值觀的扭曲，因為青少年在隨意都可註冊的平臺上，看著沒有經過挑選的影片，裡面所要傳遞的信息是否正確正當，抑或隱藏著似是而非的錯誤觀念，包括性別相處、自我認知等，這對心理影響層面遠比近視、睡眠不足、成績退步還更嚴重。

所以，父母的抱怨或擔憂不能簡化成「他都放不下手機」一句話，而該誠實的回頭細想，從小到大我們是怎麼在孩子面前示範使用它？孩子是否因為我們的疏忽或忙碌而短缺什麼？當孩子長大，是否有為他考慮到他的同伴心理需求？

這些困難的問題都想過之後，再帶著愛、信任與包容重新與孩子促膝一次，談談該如何展現自控力，當自己生命的主人、當手機的主人，並善用它的智慧、前端與便利，而再也不是身心與時間都被控制的奴隸。

31 從手機裡贖回孩子

在某一次演講場合中，一位焦慮的媽媽問我，說國中階段的女兒到哪裡都是手機不離身，回到家也不與家人互動，每天就是躲在房間裡。媽媽關懷孩子學校生活卻頻頻碰壁，更別說想參與孩子的手機世界，孩子更是完全不搭理。這位媽媽問我該怎麼辦？

我問她，家（族）裡有沒有和孩子比較要好的親戚？媽媽指出她的小妹，也就是孩子的小阿姨。我建議她請小阿姨多來家裡走動，讓孩子有個正常說話的對象，之後若有機會，再請小阿姨不經意的邀請媽媽一起，看是要外出採購或用餐之類。但孩子好不容易才卸下心房的這段時光，就不要去叨唸（探詢）手機（或學習、交友）問題，先好好修補母女關係。

上一章提到，手機成癮不是表面被手機霸占時間而已，那已經是心理上依賴手機內容所帶來的陪伴和成就。這也表示，在現實生活中，孩子已經許久缺乏由真實人與人交流帶來的心理溫暖，久到他轉身從手機世界裡尋求，然後還被接住了。

所以面對這樣的孩子時，親子關係永遠要優先考量的，是先讓孩子感受到被愛與安全、支持和理解，才有可能回到真實世界，慢慢撿回人我互動的信心與能力。

從手機找回孩子需要時間

第一步先邀請孩子一起做某件事。先不要急著「談話」，有些青春期孩子對談話很戒備，覺得大人又要說什麼。可以一起做做家務、摺衣服，彼此都專注在眼前的事上，這時候的重點是「共同在一起」。

接下來是尋求更長時間的相處，比如說到大賣場買東西，或者一起運動。離開熟悉的地方，讓外出的環境刺激稍微轉換親子的情緒。若能一起打球更好，運動會釋放腦內啡，幫助人放鬆和愉悅感，親子間的關係也能更和緩不緊繃。

當親子互動慢慢升溫，也可以加入家裡其他讓孩子信任的成員，讓網絡更全面和穩固，並且塑造「我們都是一起的，有困難一起解決」的共同體感覺。別忘了，孩子會躲進手機裡尋求陪伴，就是因為他認為在家裡、在學校沒人真心站在他這邊，沒人和他是「一起的」，也沒人懂他。

這時候，孩子可能會因為「他使用手機的時間短缺了」，而想要拒絕種種實際相處，包括採買、打球或一起做家務的邀約，爸媽這時別忘了嘴甜一點，肯定孩子的重要性並表達需要他的作伴。不過也要適度允許孩子的拒絕，因為每一位青少年都希望自己有自主權，他可以決定自己要什麼、去哪裡。

總之，這段「把孩子拉回來」的過程需要一段時間。而這階段最大目標在於累積大量的實際相處，以及一起吃什麼、玩什麼的經驗，也記得要保持看青少年不悅臉色的耐心。父母難免感到焦急，但只要這樣想就好：「或許是我過去有很長一段日子疏忽了他，沒有陪伴他，現在我就是補回這一塊，讓孩子相信我一樣愛他。」

打造一段沒有手機的家庭時光

在相處的時日裡，父母也可以適度「自我揭露」，表達自己也會著迷於手機世界，也會想要透過手機來點娛樂或喘息，但總會提醒自己還有責任要進行。此外，也跟孩子分享自己是如何從手機回到眼前世界，繼續本來該做的事。父母可以對孩子承認手機確實有吸引人的一面，但終究只會把手機當工作、當消遣、當短暫時間的打發，不會視為另一個精神陪伴物，因為它就只是手機而已。我們一方面同理孩子對手機的心理需求，一方面也示範了不讓手機掌控我們全部。

接下來，開始和孩子約定，是否有段時間讓全家都一起放下手機？這個時間點和所需長短可以討論，比如說週六晚上八到十點，這兩個小時全家可以一起閱讀、聊天、玩桌遊，甚至看電視或各自休息都行，就是不碰手機。至於次數和時間，則可經過討論再慢慢調整。這樣做的用意在於讓孩子知道，戒斷手機很難熬，但父母的態度就是「我會陪你，我也不用（手機）」。

到了這個時候，青少年應該會因為足夠的相處時光而信任父母，而開始願意說點什麼。比如說他正在看的動漫、玩的遊戲、班群在討論的老師或不受人喜愛的同學等。除非觸犯法律或道德，否則此刻孩子分享的一切都先忍住不批判，也不帶入家長的主觀（因為在我們看來，這些都不太恰當）。孩子若願意說，表示他把手機世界向父母展開了，這是正面意義。

當到了這一步，父母就能慢慢以尊重的態度，關心孩子學校的學習和生活；記得釋放想幫忙的善意，有任何困難都可以與爸媽反應。

以上是針對手機成癮的青春期孩子，這時候他們已經自覺夠大到能下判斷與做決定（其實大腦還不成熟），所以家長若強行沒收或斷網，往往只會兩敗俱傷，更甚者若有網友接應，孩子還會離家出走。面對這種狀態，真的只能長期抗戰，前面要有很多看似與手機無關的鋪陳，父母千萬不能心急。因為手機問題的根源主要就是兩大塊：沒有足夠線下生活的重心與興趣，以及沒有令心理感到滿足的真實人際關係。這兩大塊確實需要漫長的時間來逐一修補與建構。

用愛與方法戒斷手機癮

如果孩子只是小學生，也還沒沉迷手機到茶飯不思的程度，情況就簡單多了。做法同樣是增加親子相處時間，無形中減少孩子和手機黏在一起。然後幫他找一些課外體育活動，讓他在新的小團體裡找到朋友。假日則多安排全家外出，若喜歡露營更好，也讓孩子分擔一點工作。當然父母別忘了以身作則，適度節制的使用手機，以及在氣氛良好的情況下，談談怎麼合理使用與管理這個好工具。

但在這段手機戒斷之路，別忘了沿途給孩子設定激勵點，逐步導回「你是可以控制自己的人」這個需要再三強化的意識。告訴孩子，因為你願意當手機的主人，所以你可以管理自己與手機的關係。終究還是要回到個體上的堅持，這不只是孩子和手機的拔河，也是孩子個人的自我戰爭。但父母同在的力量、家裡共識的手機使用規則，以及足夠滿足的線下活動與情感，更是從手機裡贖回孩子的三大法寶。

「成癮」，本身就是一件需要耗盡心力去對抗的路，但只要有愛與方法，以及親子站在同一陣線上，爸媽願意理解孩子的為什麼，一定有機會讓手機的重要性後退，讓我們的孩子回來。

32 管好金錢的自控力

在教養社群裡有一類常被討論的問題是：幾歲給零用錢？要給多少零用錢？多久給一次？需要要求孩子儲蓄嗎？然後就會看到各家給出琳瑯滿目的答案，有的家庭一週給一次，有的家庭一個月給一次；而對於怎麼使用，有的家長偏重讓孩子「自己做決定」，有的家長會希望孩子學習記帳。也有一種家長認為，三餐和文具都為孩子準備了，不需要再給孩子零用錢，省得麻煩。

關於「孩子該怎麼使用零用錢」，雖然各方說法各有道理，但如果爸媽認同時間是種寶貴資源，孩子必須學習時間管理，以及最好能在不停的嘗試與應用中，修正看待和使用時間的能力，那麼「對金錢的認識」、「怎麼規畫與使用金錢」、甚至「理解何謂財務信用」等相關素養，更需要早早為孩子建立。

用「如何使用金錢」這個架構，循序漸進培養孩子的自控力。由於對金錢已有掌控感，好的財務管理幫助自己實現原有設定的目標，更強化了孩子內在的自控力。我贊成透過給予零用錢這個媒介，讓孩子從小對金錢有實際的感受，以及嘗試運用與支配，感受到善用或濫用換得了何種經驗，這對孩子的成長歷程是很好的。

教孩子認識金錢，也同步練習自控力

或許很多爸媽在過去的成長時光裡，長輩並沒有教導他們認識金錢，好像長大後開始工作有了錢再學理財也不遲。小時候就認識金錢真的有這麼重要嗎？這應該要回到青少年本身來看。這個階段的大腦還在發育，尤其是前額葉，這區塊負責管理理性、計畫和自我控制，此時還不是很成熟。若是沒有從小形成基本的正確觀念，很可能會在同儕的影響或社群媒體和遊戲的引誘下進行衝動消費。許多盜刷或誤刷爸媽信用卡來買遊戲裝備就是這樣來的。因為這時候想的只是滿足衝動，而沒有針對合法性、合理性、合適性來做思考。

自控力是一項可貴但有限的心理資源，當青少年花了大把力氣在課業、人際關係、自我追尋，對金錢方面的自控力就會變得薄弱。也就是說，如果家裡先前沒有給予孩子對金錢正確的認識，當壓力大的時候，很可能會追求昂貴的電子設備或娛樂來舒緩情緒。「用錢買快樂」看似速效，但根本不是健康的方式。

「教孩子認識金錢」並不是要孩子藉此存到多少錢，或在幾歲前完成什麼目標，而是讓孩子別在自控力薄弱時隨意用金錢來提振自己，甚至用金錢交換友誼。藉由規畫錢和使用錢的練習，也同步練習自控力。所以，該做的不只是給孩子零用錢，更重要的是讓孩子思考、決定，甚至試錯，明白錢和目標的關係、錢能變多的關鍵、提早享受和延遲享受的差別等。因為比起純粹的「給零用錢」，爸媽更要留心的，應該是金錢如何幫助孩子更有自控力，以及孩子如何運用自控力面對金錢。

那父母可以怎麼做？

其實家庭是所有孩子的第一個教室，包括學習金錢管理。如果父母對於收入和支出有合理的計畫，除了制訂必須花的、必須存的，若也能在家中討論娛樂性或休閒性支出，孩子會慢慢長出概念，浪費和一毛不拔都不是好事。只有在計畫下的支用，以及清楚「需要」和「想要」的差別，才會逐步形成對金錢的正確認識，這時父母的「示範性」就很重要。舉例來說，旅行的花費就是家庭內關於金錢使用的好議題。透過交談，孩子會知道一趟旅行中的交通、飲食、住宿要花多少，在這些之外還剩下多少錢可以作為門票、買伴手禮或紀念品等。

導入財務工具，帶孩子實際理財

在談「金錢的自控力」之前，第一步要先有錢花去哪裡的概念。在與父母一起經過家庭經驗之後，孩子能明白什麼是「分配」、「分配的優先順序」，這時候再給零用錢，就可以產生許多親子對話。讓孩子在具備觀念後做決定，幫助他對這筆錢產生掌控感，才有機會好好運用。

當然，可以為孩子導入財務工具，比如說開戶、實體存摺，甚至安裝金融App，有的父母還會幫孩子開立證券戶頭。做這些事都是要讓孩子感受到錢到哪裡去（銀行）、錢和股票間的兌換關係、股票的獲利方式等，讓孩子知道這就是理財，而好好理財可以有機會讓錢增值。

但此時並不只是要讓孩子藉由理財提升原本的金錢數字，而是透過多方面的認識培養起對金錢的責任感，然後看見自己因為謹守某些紀律而產生績效（利息或股利）。責任感會更助燃動機，動機會強化自控力，而自控力也會加深責任感。

一個對金錢有責任感的孩子，也理解金錢的價值，還需要擔心他因為前額葉不夠成熟而缺乏自控力嗎？

能夠管理金錢，會使孩子感到某種程度的自主與獨立。人會因為自己有決策權和掌控力，進而讓自信發展得更好。這也是「給予適當零用錢」的好處之一。

從每週的零用錢做預算表格開始

如果青少年從小未逐步建立金錢觀，現在該怎麼開始呢？就請孩子先從每一週的零用錢做「預算表格」吧！剛開始可分「支出」、「目標」、「儲蓄」三大項，支出之下再略分「飲食」和「生活」（學用品等），目標則是為了一段時間後要花的錢做準備（比如說月考後要和同學去逛街），而儲蓄就是以備不時之需。

列了預算表格後，請孩子如實記錄，再來檢核是否合理。當然如果孩子經歷一小段時間確實依照他所擬定的預算執行，可以給予精神鼓舞或小獎勵（例如獲得一次家庭旅遊的某項目分配權），來增強規畫財務和謹守紀律的動力與信心。

青少年具備對金錢的自控力，其成效絕對不只是「不亂花錢」而已。因為透過對金錢的理解和責任感，來抑制衝動、妥善分配及執行，然後還可以完成目標，更能自我回饋，甚至減少因為金錢問題而產生的人際壓力，這對孩子的身心發展是有正向意義。所以，從幼兒到青少年，父母都應該把管理金錢視為一項重要且該教給孩子的技能，也同步擴大孩子的自控力。

PART 5

家庭的支持與對外的連結

33 融入團體生活，鞏固自控力

孩子進入到學校上課，也就是進入團體生活，可以的話，我總會鼓勵家長讓孩子參加需要規律練習的競技社團或校隊，藉由比班級更加嚴謹的團體生活，幫助孩子鞏固「自控力」。

幾乎每所學校都有自己的特色團隊，包括籃球隊、桌球隊、游泳隊、田徑隊等。我帶過民俗體育類的陀螺隊，也一路過關斬將的看到孩子獲取教育部等級賽事的獎狀，但比榮譽更重要的是孩子在校隊中的成長和收穫。

參加校隊首重跟著做和自主練習

紀律，一定是第一件事。不管是什麼校隊，包括藝文類型如音樂性校隊、舞蹈校隊，沒有紀律，不成隊伍。

紀律指的不只是集合、出賽、展演時的秩序，更落實的是孩子有沒有辦法服從規定，然後約束自己，記得該帶的、該練的以及所有該做的事。

「跟著一起做」是校隊新生該學的第一件事。我現在的學校裡有棒球隊，也常看到小一、小二的孩子穿著球衣跟著學長姐一起練習，真的是很可愛。新生入校隊，只能從觀察別人做什麼而自己跟著做開始。「跟著做」會讓孩子有安心感，這是起步。但第二步，就是「自己記得做」。

不管是什麼校隊，自主練習都是必要的一部分。例如在陀螺隊，自己抽空練擲準和花式；在棒球隊，自己練習揮棒和傳接；在弦樂團，自己練習段落。自主練習就是為了更熟練、技巧更好，讓下次集合時可以銜接得更好。

這就像「功課」，只不過它不是抄寫，不是背誦。而是透過身體反覆的操作，讓動作行雲流水。所以自主練習講求的是「主動性」，當然也需要自控力。

不自主練習會怎麼樣？輕微的後果就是下次集合時，教練或老師會皺皺眉頭，要求要更認真；但多次拖沓不練的孩子，很可能因此被教練勒令「退隊」。

找到可以發光發熱的舞臺

我遇過太多的孩子未必學業成績優異，講到寫功課能拖就拖，但在球隊就算揮汗如雨練習卻不以為苦，為什麼？因為這裡有舞臺，會被看見，努力就有回報，這是每個孩子都渴望的獎賞。

不是每個孩子對於學習都能快速掌握得很好，所以學業成績不一定是每個孩子樂意追求的目標。若是這樣的孩子，就更要幫他找到可以閃閃發亮的點，讓他來上學覺得更有「主體感」，因為沒有學生想要成為學校或班級的「客人」。

而校隊就是孩子有機會練習自控力的地方；更甚者，他可以將校隊的榮譽感和成就感帶回教室，經驗遷移的嘗試努力，做一個學科也能跟上的學生。

在校隊裡能練習及改善自我的項目很多了。第一，東西要記得帶全；第二，上課要認真專心；第三，課後要主動練習；第四，集合要安靜守規；第五，出場要抑制緊張，大方有度；第六，團隊行動要主動勤勞，快手幫忙；第七，成為學長姐要照顧學弟妹，大家是一個團隊……

而且校隊都有目標，或許是比賽，或許是演出，也會分長遠目標和階段目標。向著目標，教練或老師會安排時程，包括每個人的精熟進度，練習從賽事往回推的自我要求，更是自控力大樹成長茁壯的好時機。

自控力不是天生自然產生的，若能藉著孩子喜歡的團隊，透過與大家一起努力的過程，無形中培養、鍛鍊起各種自控力，包括情緒管理、時間管理、人際管理、壓力管理等，那是再好也不過的了。

透過同儕激發自控力更有效果

但假如孩子沒有什麼特殊才華，未獲任何校隊選上，怎麼辦呢？還有機會透過團隊來幫忙孩子嗎？

當然可以，那就參加一般社團，也是很好的練習。

家長真的不用急著將孩子送去才藝班，或者急著趕去安親班，而不捨得投資孩子的課外活動。孩子在課後社團除了能多元嘗試自己的興趣、舒緩上了一整天課的疲勞，還可以多一個地方學習聽從指令、轉化操作；甚至有成果展時，還因為團體動力能自我要求表現良好，這些都可以灌溉孩子的自信心，當然更是逐漸堆疊自我要求、自我提升的能力。

自控力有時候靠「同儕」來激發，效果會比爸媽、師長的要求來得有效果。而校隊或學校團隊就是一個這樣的地方，大家有一致的目標和方向，有類似的進度和練習，同時也有每個人在團體裡都要遵守的規矩，以及共同的默契與文化，這是鞏固個人自控力最好的地方。如果有機會，不管孩子能否優秀到代表上場，都讓他嘗試到校隊或群體中，一段時間後一定可以看到孩子脫胎換骨的表現。至於辛苦練習的過程，爸媽只要鼓勵和陪伴就好，然後靜待孩子內在自控力的大樹逐漸茁壯。

34 讓孩子有重要他人

「重要他人」是美國心理學家哈利．蘇利文（Harry Stack Sullivan, 1892-1949）提出的概念，指的是對一個人的心理發展和人格形成極其重要的人物。這人物可能是父母、老師、同學、其他長輩、朋友、手足等，「重要他人」能對個體產生重大影響。

在人生的不同階段，重要他人也會有所不同。比如說嬰幼兒時期大概就是主要照顧者或父母；到了學齡階段，慢慢轉移到對老師的崇拜，但漸漸的，好朋友或同學、其他長輩甚至成年後的伴侶等都會成為重要他人。

隨著孩子長大，能力和心智都會改變，父母的角色也得跟著後退。但我們又知道，若要讓自控力這個素養能力在孩子心中發芽茁壯，勢必得為孩子塑造環境，提供資源。這裡的資源其中一部分就是讓孩子有其他的重要他人，在不同的階段替代我們，持續給予正向影響和激勵，讓孩子內在的自控力愈來愈厚實。

所以為了孩子，我們需要好好學習親師溝通；為了孩子，我們需要和孩子分享怎麼挑選朋友；更重要的是，為了孩子，我們得把好的品德和價值觀型塑在他心裡面，如此才更有機會吸引優質朋友靠近，或讓長輩賞識願意給予機會，這也正好呼應了「花若盛開，蝴蝶自來」那句話。

班導是小學階段的重要他人

對小學生來說，「班級導師」會是重要他人。因為小孩一整天在學校活動與學習的時間，比他晚上在家醒著的時間還長，導師陪伴的時間都比晚上父母與孩子說話的時間多。另外，包括小學生的領域學習、在校時間的社會化學習、行為規範與榜樣，或是學校與家長間的橋梁等，都是導師對小學生的重要影響。好的師生關係會讓孩子的學校生活有安全感，情感上也備受支持，幫助孩子面對學習更有自信。

因為導師這麼重要，所以家長不要僅是單方面的期待導師而提出自己的要求，例如既要關注孩子的學習，也要規勸孩子的行為態度，還要激勵孩子奮發向前等等；家長應該多主動善意的與導師有好的溝通，與導師建立教養上的夥伴關係，甚至尋求彼此合作等，進而促發導師對孩子有更積極正向的影響。

尤其導師對小學生具有相當的指導與約束力，更是在校生活中協助孩子建構學習和生活好習慣的關鍵人物。前面提到，自控力要靠好習慣來加成，好習慣如同飛輪，剛開始踩踏時沉重又緩慢，然而一旦飛輪動起來，動力出現了，持續的運轉就顯得容易許多。

比如說主動完成作業、主動複習考試、好好訂正不偷懶等，好的師長會利用循序漸進的方式，讓孩子因為「老師有要求」、「老師會肯定我」而一步步做好它。若是這時候老師因材施教，正向嘉許孩子的表現，以眼神、口語或是人前的誇讚，就如同給飛輪上了油，那學習的自控力也能順利的慢慢穩固起來。

不同階段都需要能帶來關鍵性支持的角色

能帶來正向力量的好老師不只是出現在小學而已，不同階段的老師若被視為重要他人，那就表示給予了成長環節中所需要的支持。

我的每一段學階（國小、國中、高中、大學、研究所），都有對我那個當下而言視為「重要他人」的師長。這些好老師們用溫暖和智慧教育了我，也在我面對各種人生疑惑時給予建議和指引。甚至連滋養我一生的閱讀與寫作，也都是成長歷程中的老師教會我的。當然師生是一種很特別的緣分，但我的母親在我離家讀大學前，也和這些愛護我的老師們有很好的互動與互信，親師間的共好促使我長得更好。

到了國中之後，時間上來到一個重要的轉折點。這段期間，青少年在身心上有劇烈的變化，此刻被青少年認同的重要他人，是個能帶來關鍵性支持的角色，也會對成長帶來重大影響，包括自我認同、情緒支持、價值觀進一步發展、對學習和未來規畫的建議，以及人際關係的發展等。重要他人對青少年的影響與重要性，比過去更明顯。

這時候，重要他人可能從小學階段的導師，變成社團老師、校隊教練，或是學長姐、好同學好朋友，甚至其他長輩等。如果青春期的孩子身邊有這樣一個陪伴者、建議者，正向、正道且優質，那在青少年心中話語權已退居二線的父母應該會感到很欣慰。

成為孩子擴大生活圈的重要推手

但要讓青少年孩子遇到重要他人可不是只能靠緣分，父母必須扮演關鍵角色，提供孩子機會，甚至幫孩子製造機會，以促成孩子能與重要他人建立關係。方法如下：

一、鼓勵孩子參加社交活動，這裡包括技藝性社團的參與；不要以專心於課業為理由，阻斷孩子有機會在好的環境中認識新朋友。

二、支持孩子發展自己感興趣的愛好、藝術或運動等，這會讓他們可能遇到有共同興趣的朋友或師長，以獲得不同於父母的好見解。

三、建立一個開放溝通的家庭，鼓勵孩子合適的表達感受，幫助他們建立健康的人際關係。父母也要給予良好示範，讓孩子看到父母是如何尊重他人、遇到低落時如何安然自處，以及怎麼解決問題。

四、鼓勵孩子服務學習，這除了培養社會責任感之外，也能讓孩子型塑溫暖助人的氣質，吸引相同價值觀的人前來結識，甚至願意遇到拉拔孩子的重要他人。

五、多關心孩子在社群上的活動與交友，更要多鼓勵他們與人進行實體往來和真實的互動，避免依賴網路上不明確的網友或情感連結。

對青少年而言，父母要做的不只是陪伴和建議，更需要在安全的環境裡，讓孩子擴大生活圈和交友圈。如果可以幫助青少年，透過自我特質的展現及積極的社會參與等，就能增加他們與人群產生連結的機會，更有機會藉由價值觀的交流找到重要他人。

關於自控力的許多特質和展現，並不是單靠個人意志力來展現。有好的人生導師、指點迷津的前輩、意趣相投的同伴，讓孩子在前進理想的路上更不孤單。這些重要他人組織起來的力量，能像動力機為孩子補充能量，讓刻苦砥礪變得不那麼痛苦，也能帶來更多「我是個能自決、自控的人」的自信。

35

最好的自控力練習教室

前面花了很多篇幅從自主性、各種自我（時間、目標、情緒等）管理，到家庭給予的鷹架，全方位的談自控力如何產生、鞏固與延續。但其實最好的老師是「環境」，養成自控力與操練自控力最好的場域，是自助旅行的時候。

旅行是考驗自控力最好的學習

我很鼓勵家長帶孩子自助旅行，離開原本熟悉的地方，陌生處會帶來很多不確定，旅行當中的意外和需要解決的問題，更是考驗一個人的應變能力和自我控制。最重要的，那都是實際的困難，不見得可以得到圓滿的解決。但所有的經歷，包括挫敗的，都是很好的學習，更是孩子成長中難得的養分。

在疫情之後的第一次出國，可樂果妹妹很興奮，搭早班機的前一晚幾乎沒什麼睡，所以一進機艙就昏沉的睡去。但她很快就苦著一張臉醒來，說：「媽媽，後面的人一直踢。」

我安慰她：「是一個小妹妹，小朋友比較不受控制，她不是故意吵鬧，我們忍耐一下。」她點點頭再度入睡，只是很快又被動醒，這一次她因為很想睡覺而想哭了。

我摸摸她的臉，跟她說：「如果你覺得很困擾，要不要跟小妹妹的家長反應一下？他們可以提醒小孩。」她搖搖頭不太願意，希望我幫她說。

「沒有關係，你表達看看，記得禮貌一點，媽媽在這裡。」（在可控的安全範圍裡，孩子要能鼓起勇氣解決問題。）

她解開安全帶（飛機還沒開始滑行），起身向後跪在椅墊上（增加高度），對小朋友旁邊的爸爸說：「不好意思，可以請你們的小孩盡量不要踢到前面的椅子嗎？」（克制情緒，好好說話。）

可能是戴著口罩，加上她有點緊張，對方聽得不是很清楚，回了她一句：「什麼？」這時候可樂果妹妹跟我求救：「媽媽，他們不是說國語。」

我忍住笑：「他們是說國語，只是聽不清楚，你再大聲說一次。」我順勢也握起了她的手。可樂果妹妹鼓起勇氣再說一次，這次人家聽清楚了，但沒有給予太正向的回應，只是「喔」了一聲。

我讓可樂果妹妹坐好，重新扣上安全帶，安慰她：「你說得很棒，他們會注意了。」當然整件事還有後半段，就是不踢了之後改推餐盤，這就需要大人間的溝通了。

但在這小小的事件中，忍住情緒、鼓起勇氣、解決問題、好好說話，是小學生可樂果妹妹做得到的自控力，她沒有選擇哭鬧喊叫（因為她很累），也沒有選擇一開始就讓爸媽處理，而是試著自己尋求（對方家長）幫助，看能不能改善問題。

這樣的案例在日常生活不容易出現。而旅行因為有太多未知的狀況，足以讓人為了使事情順利，無形中善用了自己已具備的能力。

事後，我邀請可樂果妹妹討論這件事，肯定了她的自控力和表達力，讓她知道，她那所有看似無形的自我要求，全都是很棒、很正確的表現。也再一次重申，媽媽會陪在她身邊，她不用擔心也不用害怕獨自面對從沒遇過過的情況。

讓旅行跳脫日常舒適圈

日常的生活是習以為常的舒適圈，孩子很少需要特地為自己「爭取」什麼，或勉強自己去做什麼，也不容易遇到被拒絕或被冷淡以對的狀況。但旅行就是打開觸角的時刻，會遇到各式各樣的人，「不順利」的機會自然比平日大增。經歷這些不是為了挫折孩子，而是讓孩子有實際場景可以練習，並且在經歷過後發現自己是個有自控力的人。

另外，（自助）旅行裡的時間管理、壓力管理甚至體力管理也都很重要。而且萬一拖延症在旅行中發作，就可能會發生趕不上火車或飛機這樣的事。「以終為始」的知道自己有多少時間，可以倒推能做多少事，這是旅行中的常規表現。

情緒管理更是如此，大家一起出遊，團體共識和氣氛很重要。一點點事情就擺臭臉，或要求大家都得聽我的，這不是好旅伴的表現，也會失去很多好玩的機會。「隨遇而安」和「自得其樂」更是旅行能快樂的精髓之一。晴天有晴天的美好，雨天有雨天的景致，就算到景點要排隊，也是安然自在。能在小小的不如意中安撫自己，或者能在無聊時刻用一本書或一枝畫筆安頓自己，藉此獲得些微滿足，這可是隱藏版的自控力表現。

我想起了水果姊的另一個難忘回憶，就是小一的她獨自爬上鳥取砂丘。那是接近六十度的陡坡，深深踩踏進鬆軟的沙子，一腳踩穩，另一腳才能跋起，用匍匐的方式攻頂。攻頂之後，迎接她的是日本海的涼風和美景。

在很長的一段時間裡，這事給了水果姊很高的自我效能感，以及面對很多挑戰的勇氣。因為她認為，那個下午這麼辛苦、簡直是用趴著爬上去的陡坡，她都咬牙一再地在心裡加油般撐過去了，眼前的小小挑戰算得了什麼？高度的自我效能感，相信自己可以透過努力和堅持靠近目標，就是自控力的具體展現。

這也是旅行帶來的意外收穫：相信自己可以達成，我在今天之前，不曾想過能做到的事！

旅行能讓父母與孩子一同成長

自助旅行的彈性很大，爸媽可以撥出一些時間讓孩子規畫行程；甚至不只規畫時間，還可以同意讓孩子在某段時間裡支配金錢。給孩子練習「做決定」，沒有什麼比當家更具挑戰了。就別說「收行李」這種小事，自己決定帶什麼，然後後果自負。幾次下來，孩子因為實際需求和過去（失敗）的經驗，摸索出最佳的行李箱整理方式。

所以，帶孩子自助旅行，不只是表面的玩與增廣見聞而已，擴大的眼界和心胸，以及判斷力、決策力、耐挫力、適應力都會有明顯的大躍進。父母唯一的管制是，不要在此時還讓手機綁架孩子。用手機找路、算錢、翻譯，才是孩子旅行途中所該認知的手機角色。

多帶孩子旅行吧，父母能引導孩子成長，或父母與孩子一起成長。在新的空間裡，互為陪伴，互相滋養，一起面對各種洗禮，一起解決所有問題，會使親子關係更緊密。這時候，所有的內在進化就只是附加的收穫了。

36 爸媽，更多的後退

一本書的旅程，現在也快到終點了。在這本書裡，我們從心理學角度起始，一路談到關於培養孩子自控力的各種面向，期待從務實的策略切入，讓所有愛孩子的爸媽不焦慮。因為只有不緊張的父母，才能陪伴出悠然自得的孩子。而所有教養的最終目的，是讓孩子成為「全人」，他可以有自信且溫暖別人，而當父母不在身邊時，也能獨立的走他的人生路。因為所有關係最美好的終點是相守，唯獨親子關係，是看孩子前進的背影緩緩離去，給予深深祝福。父母與家就在原地，擁抱孩子需要時的回頭。

所以，父母要學習的最後一課，也是圓滿自控力的終章，即「後退」與「放手」。

但這樣的操練，不是孩子成年、成家後突然哪一天後退和放手，戛然而止，而是在一、二十年間孩子的成長路上逐步進行。離開嬰兒階段的孩子，會慢慢減少對父母全然的依賴和依戀；父母也該在娃娃開始學會走路後慢慢後退，給予尊重，讓出空間，相信孩子可以自我決定和支持，在遠遠的背後守護。

父母的後退是在操練孩子的信任

孩子的長大好像都是一瞬間，如同某一天我突然發現，家裡的水果姊已經大到可以直接穿我的鞋了。但好像我昨天才帶著她第一次搭飛機、我們第一次母女在大浴場裡抱在一起、第一次背起包包勇闖天涯……，現在，她已經超過我的下巴，也常促狹的問道：「我要比媽咪高了耶？」

似乎才在昨天，我還亦步亦趨的在鞏固她的各種習慣，設定框架讓她建好學習的節奏；但現在，她對於課業安排、時間經營已有獨自的規畫和想法，媽媽的功能「退化」到在於她想找人討論時提供意見。也好像是昨天，她興奮的把滿篇是注音的日記推向我，問媽媽要不要看；現在變成要甜甜的哄著她，問她我能否拜讀她的習寫作文。

哄著騙著，在各式的甜蜜與衝突中，一眨眼的工夫，孩子長大了，已經可以直接接收媽媽的鞋了。

這個時候，我必須要求自己，更經常的裝聾作啞，或者扭過頭去，不去看我覺得就是該加外套的她，說著「不會冷不想加」；也不去看動作應該更快的她，說著「她都安排好了」。因為孩子沒說出口的是，我可以自己感覺（會不會冷）、自己決定、自己規畫，因為我長大了。

孩子更捨不得對父母說的是：「媽媽，我可以做得比你想像中的好，你不要管。」

因為孩子愛我們，他知道他說什麼會讓爸媽失望。他並不想讓爸媽感覺不好，卻更想為自己做決定，自己的主人是他。

我們若是期待孩子是個獨立個體，就要相信孩子的判斷（雖然有些事明知是判斷錯誤，但還是要讓孩子去試過那個錯誤，才會成為他獨特的經驗）。父母要能後退到，接受那個希望「你不要管」的大孩子。這也是在操練孩子對父母的信任，究竟是真的相信他，抑或只是想掌控他？

懂得放手，才能成長

回想一下孩子的這十幾年，是不是從學習走路開始，就展現探索世界的欲望？自主權是每個人都渴望的，也是能向世界出發的初衷。有自主權，才會因為目標而產生規畫力，也才會因為這些種種對自己是有意義的規畫，產生自我約束、自我管理、自我控制，最後，學習承擔和負責。這才是一個完整適切的路線，就像獅王把小獅丟下山谷，就是要讓小獅學會攀爬及面對曠野。但獅王就是在遠遠的背後，看著小獅怎麼成長與進步，並隨時注意小獅的需求。

逐步的在小事上後退與放手，不要過度安排好每一個細節，孩子也需要自我訓練，就算是犯錯，也是成長中必經的路程，才能有機會學習檢討與反思，然後吸取教訓。比如說，低年級孩子操作過幾遍由爸媽帶著「複習功課」、「準備考試」後，中年級孩子就該能為自己處理與規畫，有需要再跟爸媽討論。但爸媽不應把建立學習習慣都外包給安親班，自己則只負責在作業上簽名，最後責備孩子不會自己複習功課。在自控力的呵護上，父母和孩子都有各自該做的事。

父母的放手與後退，會讓孩子體驗到父母給予的信任與支持，這會肯定孩子

「我是個有能者」的思維。另外，解決問題的能力也會因此而增長，相信自己可以應付各種挑戰。

更重要的是，父母的放手與後退，象徵孩子需要自律即自控的成分必須增加。因為從此之後，能倚靠的人是自己，已經漸漸不是小時候那個有求必應的父母。孩子當然可以和重要他人有緊密聯繫，但就是獲得諮詢和陪伴，因為漫漫人生路，只有自己才能陪伴自己到最後。

父母的放手象徵更高程度的尊重，會有效緩解青春期親子間的緊張和對立。終究，教養不是工廠，孩子不是產品，父母並不是要把孩子捏塑成自己想像的那個乖小孩，而是要讓孩子成為他自己，是獨特發亮、唯一的那一個。

放手，是教養策略的最後一哩路

放手需要漸進式，從自己完成作業、準備考試開始，再慢慢擴大到管理使用零用錢、選擇喜愛的社團等，讓孩子緩緩的適應新的期待和責任。另外，放手並不是教養撤線，許多事還是得有明確的界限，比如說品格的要求、手機的使用等。經過討論的許多議定，它還是存在於家裡的規則之中。

「爸媽永遠都在」的安心感，要讓孩子始終相信著，父母隨時都能為提供孩子支持做好準備。放手不是放任，也不是疏離或拒絕，父母依然是孩子最可親的陪伴者、建議者，只要孩子需要幫忙，父母就在旁邊。所以，隨時留意孩子的自控狀況，主動關心孩子，保持良好溝通，觀察孩子的需求，因為父母的放手和後退，是教養策略的最後一哩路，一切是為了讓孩子更好。

教養，看起來是我們帶給孩子什麼，以至於讓他完滿成熟。但往往我們也從當父母的歷程中，圓滿豐美了自己的人生。因為孩子教會我們，怎麼成為最適合他的人生初始照顧者、陪伴者、建議者，以及激勵者。

自控力是一條繩索，串接起我們想要教會孩子的一切，其中包括自尊自重、相信自己，以及持續的自我激勵與對話。它看似從裡到外打造了讓孩子成熟成功的一切，但在日積月累的操作上，它所鞏固的是最親密溫暖、獨一無二、專屬於彼此的親子之間。

教出自控力

從基礎到習慣，
穩定孩子內在的 36 堂素養課

作者——顏安秀

主編——陳懿文、林孜懃
美術設計——王瓊瑤
行銷企劃——鍾曼靈
出版一部總編輯暨總監——王明雪

發行人——王榮文
出版發行——遠流出版事業股份有限公司
地址——104005 台北市中山北路一段 11 號 13 樓
電話——(02)2571-0297
傳真——(02)2571-0197
郵撥——0189456-1
著作權顧問——蕭雄淋律師
2024 年 8 月 1 日 初版一刷

定價——新台幣 400 元
（缺頁或破損的書，請寄回更換）

ISBN —— 978-626-361-823-7

遠流博識網 http://www.ylib.com
E-mail: ylib@ylib.com
遠流粉絲團 https://www.facebook.com/ylibfans

國家圖書館出版品預行編目 (CIP) 資料

教出自控力：從基礎到習慣，穩定孩子內在的 36 堂素養課 / 顏安秀著. -- 初版. -- 臺北市：遠流出版事業股份有限公司, 2024.08

面； 公分

ISBN 978-626-361-823-7(平裝)

1.CST: 親職教育 2.CST: 子女教育

528.2 113009595